CUERPOS PRESENTES
Figuraciones de la muerte, la enfermedad,
la anomalía y el sacrificio

Alicia Montes y María Cristina Ares
(compiladoras)

CUERPOS PRESENTES
Figuraciones de la muerte, la enfermedad,
la anomalía y el sacrificio

Alicia Montes
María Cristina Ares
Daniela Giménez
Sol Pérez Corti
Romina Wainberg

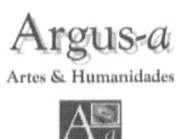

Argus-*a*
Artes y Humanidades / Arts and Humanities
Buenos Aires - Los Ángeles
2017

CUERPOS PRESENTES. Figuraciones de la muerte, la enfermedad, la anomalía y el sacrificio (*)

ISBN 978-1-944508-13-5

Diseño de tapa: *Venus*, 2015. Ana Seggiaro (Bordado sobre tela impresa)

© 2017 Alicia Montes y María Cristina Ares

All rights reserved. This book or any portion thereof may not be reproduced or used in any manner whatsoever without the express written permission of the publisher except for the use of brief quotations in a book review or scholarly journal.

Editorial Argus-*a*
16944 Colchester Way,
Hacienda Heights, California 91745
U.S.A.

Calle 77 No. 1976 – Dto. C
1650 San Martín – Buenos Aires
ARGENTINA
argus.a.org@gmail.com

(*) Proyecto de Reconocimiento Institucional Graduados (PRIG), Departamento de Letras, Facultad de Filosofía y Letras, Universidad de Buenos Aires. Dirección: Alicia Montes; Subdirección: María Cristina Ares. Equipo de investigadores: Daniela Giménez, Sol Pérez Corti y Romina Wainberg.

INDICE

Prólogo, Alicia Montes & María Cristina Ares — *i-vi*

1. **Cuerpos vulnerados. Paradigma inmunitario y erotismo,** por Alicia Montes. — 1

2. ***Rapsodia Inconclusa* de Nicola Costantino: del exceso a la ausencia de cuerpo,** por María Cristina Ares. — 33

3. **La mirada médica y el cuerpo subversivo. La enfermedad como posibilidad vital,** por Daniela Giménez. — 55

4. **Aborto viviente: cuerpo y escritura en la configuración de la identidad,** por Sol Pérez Corti. — 77

5. **De la invisibilidad a la desindividuación. La desintegración corporal como posibilidad probable en *Alrededor de Shannon* de Martín Dubini,** por Romina Wainberg. — 109

Prólogo

La presente investigación, realizada en el marco de un proyecto PRIG, Facultad de Filosofía y Letras, Universidad de Buenos Aires, se propone explorar un territorio constituido por los cruces y porosidades que definen un orden estético en el que se entretejen y mezclan literatura y prácticas artísticas audiovisuales contemporáneas. El objetivo es analizar qué sentidos abre y qué distribución de lo sensible implica, el protagonismo que ha adquirido hoy el cuerpo, una materialidad pensada no ya como cárcel del alma, o como reflejo armonioso y bello de lo espiritual, sino como lo absolutamente otro, la cosa abyecta y corruptible, asediada por la enfermedad, la anomalía, la violencia y la muerte y, al mismo tiempo, como escenario de plurales relatos de identidad. El cuerpo aparece, en este sentido, como una superficie paradójica, un oxímoron en el que se tensionan diversos regímenes de sensorialidad y en el que se puede leer los síntomas de la cultura contemporánea, su política de los cuerpos y sus modos de construir subjetividad.

La presentación de la materialidad corporal que lleva a cabo el imaginario de las artes audiovisuales y la escritura pone en cuestión las fronteras entre estética, política, y estetización, espectacularización u obscenidad. La puesta en escena de relatos del yo contradictorios, de lo brutal de la animalidad y lo orgánico abyecto constituye, en la lógica económico-cultural contemporánea que rige el campo, una de las formas de "lo nuevo". En este sentido, permite interrogarnos acerca del lugar que ocupa el cuerpo hoy, y por qué esta corporeidad destinada a la decadencia y la muerte, es violentada, suplida, sacrificada, injertada con lo maquínico o lo virtual tecnológico, en las presentaciones de la literatura y las artes audiovisuales y plásticas contemporáneas.

La historia del pensamiento occidental, desde Platón en adelante, organiza un relato que hace del cuerpo lo absolutamente extraño. Esta operación lo convierte en el producto más tardío, más construido y deconstruido de nuestra cultura. Si el término Occidente refiere a una caída, el cuerpo sería el último peso que precipita esa caída. Esta idea subraya su condición de carga: prisión, masa condenada a la putrefacción y destinada a la tumba, o materialidad sometida al proceso de envejecimiento, enfermedad, corrupción, biopolítica, experimentación científica y tecnológica. En la metáfora angustiada de ver, tocar y comer el cuerpo de Dios del cristianismo, en el deseo de no ser otra cosa que ese cuerpo, se cifra el principio de la (sin)razón de Occidente, el cuerpo ha sido siempre pesada carga o lugar del sacrificio: hostia. Por ello, según Jean Luc Nancy en *Corpus*, todos los discursos del cuerpo propio que intentan reapropiarse de esa materia objetivada, reificada, no son más que contorsiones de expulsión de eso que se deseaba.

En efecto, el cuerpo humano ha sido tradicionalmente definido como la materia orgánica que constituye al hombre y que por poseer propiedades sensibles causa impresiones y estímulos. Ha sido pensado en función de la dicotomía "cuerpo-alma"; "cuerpo-espíritu"; o bien, "cuerpo-psique". La idea de que el alma se encuentra prisionera de los apetitos de un cuerpo o de que el cuerpo humano es el sepulcro del alma es propia de la Antigüedad, lo que exhibe la distinción dominante entre una esfera de la realidad de tipo sensible y otra de tipo inteligible. Desde luego, en todas estas consideraciones de tradición gnóstica, platónica y neoplatónica, incluido el cristianismo, lo valorado es la instancia espiritual e inteligible pues es considerada el ámbito de la verdad, de lo real, a la cual sólo accede la razón o la inteligencia, mientras que el desprestigiado ámbito sensible o corporal, ligado a los instintos, pasiones y apetitos del cuerpo, se asocian al engaño, a la falsedad y a la ignorancia.

Estas nociones se mantienen, en líneas generales, durante la época moderna, del siglo XVII al XIX, y en la idea de *Sujeto* que constituye la Modernidad. Así, Descartes incorpora la distinción entre sustancia o *res extensa* -cosa extensa- y, la sustancia, *res cogitans* —cosa pensante-, por lo que la extensión constituye la esencia del cuerpo, que por ser materia, posee las propiedades de la materia. Entre los contemporáneos, es Merleau-Ponty quien expone una fenomenología del cuerpo e intenta resolver los problemas que generó la separación entre cuerpo y alma planteada por los antiguos y los modernos. Este autor plantea la imposibilidad de establecer tal dualidad; por el contrario, afirma la unidad entre alma y cuerpo confirmada a cada instante en el movimiento de la existencia. La existencia en tanto comienza a ser pensada como "ser-en-el-mundo" con Martin Heidegger deja atrás las dualidades. Sin embargo, lo novedoso, hoy, no es que el cuerpo, o la corporalidad en general, sean presentados por las artes visuales y la literatura, sino que los imaginarios a partir de los cuales se construye la materialidad carnal estén asociados al dolor, la enfermedad, la abyección y la muerte, sobre todo, en una cultura que exalta la salud, la belleza, la juventud y, últimamente, la perfección posthumana.

Hoy, nuestra cultura no habla más del cuerpo como lugar en el que se escribe el pecado o la muerte, el discurso dominante en la cultura de masas tapa la incertidumbre que lo transita con las imágenes de un cuerpo sano, saludable, deportivo, armonioso y placentero. Entretanto, lo reprimido regresa bajo la forma de la mutilación, la enfermedad, el injerto de lo inorgánico en lo orgánico, la zombificación, la autodestrucción. El cuerpo negado y ocultado por la cosmética y las tecnologías de la subjetividad, el cuerpo "desastroso" (caído, separado de los cuerpos celestes) se hace presente en el arte y la literatura en su forma más objetivada, extraña y abyecta, como carne.

En efecto, cada vez más artistas convierten su propio cuerpo en objeto artístico (fotografías, videos, performances y pinturas) están operando con imágenes, a veces deformantes, del productor que los idea. En otras ocasiones, los creadores acuden a la autoficción para construir relatos sobre la experiencia de la muerte, la destrucción, o la conversión en otro. El cuerpo del artista transformado en obra de arte (metamorfoseado, cortado, mutilado, etc.), o el cuerpo intervenido por la ficción (des)identitaria, casi nunca tiene el propósito de exhibir la belleza o la armonía, sino la distorsión, la metamorfosis siniestra, el proceso de transformación, la enfermedad, el aborto, la mutilación, el cadáver, la mutación o lo monstruoso. El cuerpo es el escenario de la tensión vida/muerte, sujeto/objeto, funciona como un entramado en el que se hace visible el efecto de las tecnologías que construyen sujetos, la presencia de ese otro que se quiere ocultar, la simbiosis con la máquina, la condición biológica espectral de la existencia, y demás. En este sentido, se puede afirmar que la enfermedad, la descomposición, la materialidad abyecta de la carne en proceso de descomposición y el cuerpo muerto transformado tecnológicamente funcionan como una suerte de hoja en blanco en la que se inscriben los imaginarios de la violencia, el deseo, el miedo, el terror, las paranoias, las fobias y las ansiedades propias de nuestra época. De ahí, la proliferación de relatos escritos y fílmicos, de expresiones artísticas audiovisuales y performances que presentan enfermedades, anomalías, violencia sobre el cuerpo, el borramiento de toda individualidad, la escenificación de los procesos de destrucción y corrupción en el cadáver, el invisibilizado o la figura extrema del muerto-vivo.

Por otra parte, un paradigma fáustico se ha hecho manifiesto en el regreso del autómata moderno, la máquina humana, pero reconfigurado a través de dispositivos en los que lo orgánico se modifica y perfecciona para vencer la condición mortal del hombre y la decadencia. Esta operación revela el estiramiento de límites emprendido por la ciencia y la técnica con el fin de desafiar y eliminar las determinaciones a las que está sometido el hombre por no poder existir fuera de un cuerpo, y la utopía de crear una nueva condición post-humana. La irrupción del cuerpo no-bello, pura organicidad, como objeto estético, nos interpela y abre una pregunta que estos artículos de investigación pretenden contestar en algunos de sus pliegues.

Así, el primer trabajo, "Cuerpos vulnerados. Paradigma inmunitario y erotismo", de Alicia Montes, organiza un marco teórico en el que se da cuenta de que ya sea por efecto del paradigma inmunitario y sus políticas sobre la vida y la muerte, ya sea por el deseo de dar sentido a la existencia a través del dolor y el sufrimiento, en Occidente el cuerpo es siempre *lo sacrificado*. Esta idea se sostiene, a modo de sinécdoque, en el análisis del corpus de trabajo que explora las novelas *Dos veces junio* de Martín Kohan y *El mendigo chupapija* de Pablo Pérez. En ellas, el cuerpo se hace presente desnudo, como materialidad carnal en la que se escenifica la violencia del poder o como espacio de un ritual erótico sadomasoquista a través del cual deviene Cuerpo sin Orgános. Ambas novelas se relacionan con la forma del *quiasmo*. Esta figura construye un recorrido que va desde la crueldad del bíopoder, en la que se manifiesta el paradigma inmunitario moderno que divide los cuerpos y determina su destino de vida o de horror, hasta la experiencia erótica en la que sufrimiento y placer se confunden en el límite exacto en el que afirmación de la vida y peligro de disolución, discontinuidad y continuidad, se tocan.

El segundo artículo, "*Rapsodia Inconclusa* de Nicola Costantino: del exceso a la ausencia de cuerpo" de María Cristina Ares, se propone reflexionar acerca de la ausencia de cuerpo en la obra de la artista rosarina que tiene como centro la figura de Eva Perón, en contraposición con la sobreabundancia de figuraciones del cadáver en su historia *postmortem*. En efecto, las estrategias y manipulaciones de los políticos, los militares y los sindicalistas peronistas sobre el cuerpo enfermo y luego muerto de Eva polemizan con la desmaterialización del cuerpo de una de las mujeres más amadas y más odiadas de la historia argentina que se lleva a cabo en la obra de N. Costantino. En estas operaciones sobre el cuerpo de una mujer, en un medio absolutamente varonil, pueden apreciarse dos estrategias antagónicas, la del dominio y manipulación con una posterior fetichización del cuerpo muerto y, por el otro lado, la del respeto y desplazamiento desfetichizador en la operación de Costantino.

"La mirada médica y el cuerpo subversivo. La enfermedad como posibilidad vital", de Daniela Giménez, tiene como eje de análisis el cuerpo doblemente *desviado*, esto es, enfermo y *trans*, para preguntarse acerca de las potencias y sentidos que ese desvío propone, más allá de la enfermedad. El cuerpo de los huéspedes de "Salón de belleza" de Mario Bellatin se aparta de la identidad y del lazo con la comunidad, a la vez que desdeña y abandona los rituales médicos y religiosos. Por otra parte, los cuerpos de las locas chilenas de las crónicas de Pedro Lemebel, en un gesto inverso, reivindican y sostienen la vida a partir de la enfermedad y sus secuelas transformándolo en un cuerpo oscilante e ininteligible que subvierte toda identidad esencialista. Ubicados en un espacio exterior a la norma, se construyen como negación de la salubridad productiva y, al mismo tiempo, como una reivindicación de lo doliente, como potencia rebelde de vida.

La investigación de Sol Pérez Corti, "Aborto viviente: cuerpo y escritura en la configuración de la identidad", analiza el vínculo entre aborto y literatura, así como los acercamientos que ésta permite sobre el tema. A lo largo del texto se busca evidenciar cómo el abordaje del discurso literario sobre el aborto se contrapone al que realizan los discursos disciplinares establecidos (la medicina, el derecho, la religión, etc.). A pesar de sus diferencias, es posible leer, como constante semiótica de estos discursos disciplinares, la visión del aborto como metáfora de lo inconcluso, de lo investido con la carga negativa, de lo que debe descartarse. En polémica con esta visión y a través del análisis novelas argentinas contemporáneas –*Las primas*, de Aurora Venturini; *La asesina de Lady Di*, de Alejandro López y *Yo era una chica moderna*, de César Aira–, se propone la categoría de "aborto viviente" para indagar en las formas en que la literatura lee los cuerpos inacabados que atravesaron al aborto no como "fracaso"; sino como potencias de variación de la vida, capaces de proyectar nuevos modos de subjetivación que no impliquen subordinar al cuerpo al estatuto de propiedad.

Finalmente, el trabajo de Romina Wainberg, "De la invisibilidad a la desindividuación. La desintegración corporal como posibilidad probable en *Alrededor de Shannon* de Martín Dubini", explora el itinerario de un personaje anómalo que transita desde la invisibilización hasta la desintegración corporal. Para observar este proceso, el artículo estudia en el epistolario ficcional el fenómeno del auto-secuestro, a través de las formas que toma, la reclusión y la instrospección, propuestas como generadoras del estado de invisibilidad física. Posteriormente, el análisis se centra en el "abandono", que se delínea a través de la pérdida de reconocimiento de sí y la indiferencia respecto del entorno, que pone en acto el personaje de Shannon. A través de estas operaciones de borramiento se proponen dos teorías posibles sobre la (des)individuación.

Alicia Montes & María Cristina Ares

CUERPOS VULNERADOS
Del paradigma inmunitario al erotismo

Alicia Montes

Noticia de la autora:

Alicia Montes es Doctora en Literatura, ha obtenido un diploma posdoctoral en Humanidades y Ciencias Sociales, y se desempeña como docente e investigadora en la Universidad de Buenos Aires, Facultad de Filosofía y Letras, y Facultad de Ciencias Sociales. Ha dictado cursos y conferencias como profesora invitada a universidades de Alemania, Francia y Suecia. Ha sido Responsable Académica de la Revista *Entrelíneas*, Carrera de Comunicación, de la Universidad de Buenos Aires. Es autora de *Políticas y estéticas de la experiencia urbana en la crónica contemporánea*, y *De los cuerpos travestis a los cuerpos zombis. La carne como figura de la historia*; es coautora de *Otro mapa de la violencia*; *Cultura popular/cultura de masas*; *Letrados iletrados. Representaciones de la cultura popular*; *De memoria. Tramas literarias y política: el pasado en cuestión*; y ha publicado numerosos artículos académicos en revistas argentinas y extranjeras.

Cuerpos vulnerados

1. *Figuraciones del cuerpo y herida*

La herida es la conciencia del cuerpo. Se manifiesta al mismo tiempo como dolor material y padecimiento simbólico: es tajo sangrante, desgarro en la cobertura de la piel, fragmentación de lo que se vive como unitario, sufrimiento psíquico y estigma que atraviesa la carne cosificándola (Le Breton 2017; Cavarero). El daño infligido por otros o autoinfligido pone en primer plano la materialidad corporal y su carácter vulnerable. Detrás del miedo o la negación de la corporalidad y sus demandas, se escamotea la absurda utopía de la previsibilidad, de la vida sin rupturas, de la eternidad. Por ello, la Modernidad, que configuró la imagen del individuo a imagen y semejanza de sí misma y su paradigma dualista, puso el mayor empeño en silenciar e invisibilizar el cuerpo, centrándose en la figura racional y espiritualizada del *Ego*. De ese modo, expulsó del pensamiento al sostén material de la vida humana, sometiendo las rebeliones de la carne a la objetivación, el disciplinamiento y la corrección, en el intento de ocultar la fractura de sentido que es la corporeidad porque, más allá de todo idealismo, pone al descubierto la condición fatal de los seres humanos.

Bajo el rigor del disciplinamiento, o la transparencia de la automatización, asordinados el sufrimiento, la falta y la angustia, el cuerpo se desvanece en el trajinar de lo cotidiano. Solo se percibe su presencia, su potencia y sus límites, en los otros. Debido a ello, la experiencia de ver la imagen de nuestro cuerpo duplicada e invertida en ese no-lugar que es el espejo tiene siempre algo de siniestro. Somos y no somos esa figura que vemos en el cristal azogado y que deja una parte siempre oculta a la mirada. Frente a ella, nos convertimos en algo ajeno, en cosa *ab-yecta*. El régimen escópico fragmenta, detalla, fija nuestra atención en un pliegue de la piel, una asimetría antes no notada, una mueca, un tic que se escapa al control, la opacidad de unos ojos. En el *Ego corpus*, la materialidad carnal deviene objeto, en tanto es ob-jetada de la posibilidad de ser un cuerpo-sujeto, o un sujeto-en-cuerpo (Nancy 25).

Narciso se ahoga enamorado de una figura que confunde con el otro; Dorian Gray se aniquila al querer destruir la diferencia expulsada al afuera, que irrumpe como imagen monstruosa de su yo en un retrato, pero Justine, el personaje de *Melancolía* (2011), el film del director Lars Von Trier, se abre y rompe el círculo depresivo que la encerraba en sí misma a través de la experiencia de apertura a lo *otro*, materializada en un planeta que hace estallar en mil pedazos la tierra (Chul Han 6-7). El relato del sujeto occidental no parece tener otra alternativa que el *des-astre*[1]. Para bien o para mal, son la herida, el dolor, la violencia, la pérdida, los que posibilitan la salida del encapsulamiento identitario con el que el individuo moderno se acoraza. El sacrificio del cuerpo y el reconocimiento de la radical vulnerabilidad de la vida humana parecen ser la única vía de la transformación y de apertura. Decir que el ser humano es *vulnerable* significa subrayar que está abierto a la herida (*vulnus, vulneris*) y al dolor que lo atraviesa y abre, pero también, que en la herida puede estar la única posibilidad de cura (Cavarero 58).

Desde esta perspectiva, la ambivalencia atraviesa el paradigma moderno que constituye la figura del sujeto como *res cogitans* y subordina en tanto *res extensa* la carnalidad, y constituye un *Ego* dominante que se manifiesta como identidad aislada y atrincherada (Nancy:25). La distribución binaria de lo existente, que este paradigma supone, a fines de los años '60 y durante los años '70 genera un contrarrelato que desnaturaliza las antinomias del modelo logocéntrico y las deconstruye. Este pensamiento de lo complejo y lo contradictorio, que elimina las antítesis irreductibles, se hace visible en el pensamiento posestructuralista, el culturalismo, la deconstrucción, la antropología y sociología del cuerpo y, sobre todo, en las teorías *Queer*, que ponen en crisis el modelo falogocéntrico, la idea sustancialista de identidad y ubican la materialidad corporal en primer plano, como *Corpus-Ego*. Desde esta perspectiva, el cuerpo ya no se considera una naturaleza, sino un *artefacto* de origen social y cultural, susceptible de modificación, reconstrucción, hibridación y/o reemplazo (Le Breton 2017; Corbin, Courtine y Vigarello).

Se propone, así, el imaginario de una subjetividad plural, nómade y mutante, hija de la potencia del deseo, en reemplazo del Yo esencialista y unario, característico de la metafísica de la sustancia. Lo paradójico, sin embargo, es que, como se verá, en su tensión extrema estas concepciones divergentes de lo humano difuminan sus fronteras y terminan reencontrándose en el mito contemporáneo de la posthumanidad, para el cual el

---

[1] La palabra desastre tiene su origen en el latín *dis-astrum*, que designa un cataclismo estelar tal como se ve desde la tierra: la disgregación de una estrella o un astro en mil partículas que se pierden en el firmamento. Esta catástrofe estelar se consideraba origen de males en la tierra debido a la relación que se establecía entre los astros, los dioses y los seres humanos (Corominas).

cuerpo en tanto carne, la vulnerabilidad que lo marca, se consideran algo obsoleto que debe ser superado por otras posibilidades surgidas del desarrollo de las tecnociencias (Sibilia). Se abre así la virtualidad de un hombre post-orgánico con un sostén corpóreo que atraviese el límite del tiempo y el espacio, la concreción de *la utopía de un cuerpo sin cuerpo* (Foucault 1994, 8). Para que no haya herida, para eliminar el límite, el cuerpo debe desaparecer, volverse insustancial.

Interesa, entonces, considerar retrospectivamente cómo se constituye, a partir del siglo XVI, la categoría *Sujeto* y qué lugar ocupa la corporalidad en ella, no para llevar a cabo un recorrido histórico o una periodización de sus diversas inflexiones, sino para establecer las características del campo de la subjetividad moderna, del cual no se ha salido aún a pesar de las variaciones que suponen los desplazamientos y transformaciones de los diversas inflexiones surgidas dentro del mismo sistema (Burger). Esta operación permite analizar los efectos del *modelo falogocéntrico* en la construcción cultural y social moderna de esta realidad opaca e inquietante que se denomina *cuerpo* y, específicamente, el lugar que ocupa *la carne* en el relato del Occidente inmunitario, en el que emerge como lo abyecto expulsado al afuera de lo pensable (Esposito; Kristeva).

Existe una red de cruces y contaminaciones entre los diversos discursos que compartimentaron la experiencia moderna, e imaginaron la materialidad del cuerpo como una opacidad inquietante destinada a la mudez y la disciplina, que solo se vuelve legible a través de la imposición violenta de un lenguaje ajeno: teología, filosofía, biología, anatomía, clínica, psiquiatría, derecho, etc. En estos discursos del *Ego corpus*, "se contrapone un *sí* frente a *si-mísmo*, y *corpus* deviene la materia-obstáculo de esta contraposición [...]. La materia ob-jetada del sub-jeto" (Nancy 25). Por ello, cuando desaparece el *Ego* y el cuerpo desubjetivado se convierte en cadáver, ser inerme o mera cosa, se hace presente como carne (Zoé), página en blanco en la que el anatomista moderno, el torturador del campo concentracionario o artistas contemporáneos como Von Hagens, inscriben violentamente un sentido y una verdad ajena, borrando así su nombre y los devenires presentes, pasados o futuros de su existencia.

1.1 *Identidad y corporeidad: copia conforme y copia no conforme*

En el año 1500, Durero pinta, con gesto autoficcional, el *Autorretrato con traje de piel*, según el modelo que la tradición había establecido para hacer visible la figura del "Cristo Salvador del mundo". El paradigma del modelo, característico del Occidente cristiano, había convertido la imagen de la corporalidad en el lugar del pensamiento de lo humano, porque en esa concepción la relación del sujeto consigo mismo y con la realidad está mediada por esquemas ideales y constructos ideológicos formales, que se materializan como imágenes y establecen los límites de lo imaginable, lo pensable, lo decible y lo factible en una cultura (Schaeffer 108-109).

Este *pensamiento del modelo*, que en el campo de las artes corresponde a lo que J. Rancière denomina *orden mimético-ético* (2011), supone un dualismo ontológico de origen platónico y gnóstico, que atribuye a la materia corporal la condición de *copia no conforme*, imperfecta, desviada, desastrada, o simulacro respecto del modelo de alma racional que debería darle forma. Implica un vínculo asimétrico entre original y reproducción que favorece la proliferación de ideas negativas en torno al cuerpo, considerado señal de caída y pecado, cárcel del alma, espacio de corrupción y muerte, límite fatal de la existencia, cosa abyecta. En este sentido, la primera utopía surgida, como rechazo y superación de esa carnalidad que constituye el emplazamiento inevitable y precario de la existencia, su despiadada *topía*, fue instituida por el mito del alma. Las *utopías* fueron pensadas para borrar los cuerpos, lo niegan y lo transfiguran, lo despojan de la materialidad barrosa que lo constituye, lo hacen bello, perfecto, transparente, luminoso, puro, inmaterial (Foucault 1994, 9-10).

La doctrina cristiana de la encarnación, según la cual Dios se ofrece a los hombres bajo una forma humana en Cristo, abrió la posibilidad de que los seres humanos se hicieran semejantes a él, y su cuerpo se reconfigurara como "copia conforme" (Schaeffer). Este acuerdo entre original y copia explica la forma material espiritualizada que se hace perceptible en el autorretrato de Durero, como efecto del uso de los mismos procedimientos que configuran las imágenes religiosas: alargamiento de la figura, postura frontal y simétrica en la que el personaje se enfrenta al espectador, mirándolo a los ojos y sugiriendo poder. En el caso particular de este autorretrato, la posición de la mano derecha replica, además, las figuraciones de Cristo en las que aparece como "Salvador del mundo".

Se produce, de este modo, una escenificación del orden espiritual que purifica el cuerpo de su condición temporal y lo eterniza. El yo narcisista moderno se exhibe al mundo con la forma de la idea, y se ilumina con una perfección metafísica. De la misma manera, la visión de la mujer ideal en el Humanismo y el Renacimiento configura la corporeidad poniendo el acento en la parte superior del cuerpo (sobre todo la cabeza, el cuello, y el torso) como signo de belleza y espiritualidad, contrapuesta a la zona inferior que obra de soporte oculto (Vigarello 28-29). Francesco Petrarca escribe, en el *Cancionero* acerca de Laura: "Aquel cabello de oro era esparcido/al aura, que en mil ñudos le enlazaba/ [...] su voz se mostraba más que humana./ Un ángel parecía en el aseo/ un vivo sol, uno no sé qué del cielo" (86).

Unas pocas décadas después que Durero, en 1543, las ilustraciones elaboradas en el taller de Tiziano[2] para acompañar los primeros tomos de *De humani corporis fabrica*, escritos por Vesalio, tornan visible un imaginario inquietante que desacraliza la imagen corporal acentuando su carácter de *objeto de experimentación*, al mismo tiempo que se hace evidente la angustia producida por esa operación anatómica que separa la humanidad de su carnalidad (Le Breton 1990). El efecto reificador de la mirada y los procedimientos del anatomista convierten el cadáver humano en carne abierta en la que se exhibe una interioridad antes solo imaginada o conocida por analogía con la de los animales. En ese conjunto de órganos se hace perceptible *la verdad del cuerpo* que busca la ciencia médica, y se dan al saber los primeros principios de la positividad. La visión escrutadora del anatomista convierte los restos inanimados, antes destinados a la putrefacción y a los gusanos, en centro que ilumina las verdades últimas. Así el conocimiento de la enfermedad "viva y sospechosa" se funda en la observación del "cuerpo muerto" cuya naturaleza sostiene el lenguaje de la verdad que elabora el orden simbólico, en el que la abyección de la carne no tiene cabida (Foucault 2011, 177-181).

Esta configuración de la materialidad corporal, como juego de luz (razón) y sombra (carne), anticipa la técnica barroca que, en Rembrandt, subraya la animalidad de lo carnal, a través de la puesta en primer plano del cuerpo abierto en canal de un buey, como estudio de los efectos de la luz sobre él (*El buey desollado* 1655). La luz de la mirada, con la que el saber médico interroga la carne, y el claroscuro de la técnica pictórica ponen el acento en un cuerpo vaciado de subjetividad y reducido a objeto de análisis médico y pictórico. En él, la materialidad carnal es muda, una página

---

[2] Los primeros dos libros de los siete ilustrados por Johannes Stephanus de Calcar, discípulo del pintor veneciano Tiziano, eran de una gran calidad y muy superiores a las ilustraciones de los atlas anatómicos de la época, hechas a menudo por los mismos profesores de anatomía.

en blanco en la que se inscriben los jeroglíficos de la Modernidad, para articular la relación entre lo visible y lo invisible, entre lo particular y lo universal. Así, se abre el camino del discurso científico que tiene su *retombée* en las artes para convertir el cuerpo, instancia radical de la existencia, en mero sistema de órganos, conjunto de membranas con distinto espesor y funcionalidad, o pura materia animal. En este sentido, el cadáver intervenido por los anatomistas es la contrapartida de la utopía del alma, pues el cuerpo muerto es una forma liminar de lo humano que asigna un espacio, un contorno, un espesor y un peso a la experiencia, contrariando al imaginario ideal con el que se piensa filosóficamente el hombre (Foucault 1994, 17).

De esta manera, el pasaje del cuerpo espiritualizado, copia conforme del modelo divino, a la corporalidad devenida primero cadáver inerme y luego carne abierta y muda, evidencia la existencia de un resto, de algo abyecto, que la subjetividad, concebida bajo la ley de lo inmunitario, ha expulsado para constituir al individuo moderno. Aislado del mundo y de lo otro, emerge en Descartes el *Ego* del dominio, bajo el imperio de la certeza y el método analítico, y en Montaigne, como *Yo* centrado que juzga y unifica la diversidad de las experiencias. Para este *Sujeto* unitario la única relación posible con aquello que se le aparece como ajeno es el juicio, el saber, la dominación y el control, por eso violenta el cuerpo guiado por el método que lo lleva a la verdad, mientras secretamente escamotea su debilidad, la precariedad de su existencia, el espanto ante su propia disolución, y el vacío que esconde su afiebrada actividad mundana. Roto el vínculo con lo divino, señala Pascal, el *Ego* pierde consistencia y autocerteza para difuminarse en su condición de nada frente a lo infinito, puro vacío (Burger).

1.2 *Sujeto y política sobre la vida: paradigma inmunitario*

La categoría *Sujet*o tal como la configuró el relato jurídico-biológico del Occidente moderno, supone una biopolítica que hace sentir su poder reductor y normalizador *sobre* la pluralidad de lo existente. Esta legislación *sobre* la vida no solo instituye el pacto social y organiza el estado-nación, también funda la subjetividad estableciendo una cesura, un límite, que expulsa hacia el afuera aquello que resulta inaccesible al orden simbólico. Por ello, la contracara del sujeto moderno solo puede concebirse como *no-sujeto*, como realidad ajena a todo derecho, vida precaria que no merece ser cuidada (Butler). En esos cuerpos abyectos, excluidos, insimbolizables, emergen las mil formas de la carne que solo pueden ser pensadas como anomalía y exceso: cuerpos monstruosos, cuerpos atravesados por las pasiones; cuerpos místicos enajenados; cuerpos alienados en la locura; hermafroditas transgresores de la verdad del sexo; cuerpos sin patria y sin lugar, extranjeros, sin identidad; cuerpos desechables e inútiles para el sistema; cuerpos espectrales, ni muertos ni vivos. Son las anomalías peligrosas que la máquina de demarcación de la cultura y el estado-nación no dejan de expulsar al afuera de la sociedad y de lo humano (Foucault; Butler). Constituyen aquello que el paradigma autoinmunitario de la sociedad rechaza como extraño, o aniquila por ser portador de la fealdad, la degeneración y la enfermedad. En estos cuerpos, pura herida, se hace visible la fatalidad insoportable de lo que no obedece a razón, y desbarata el proyecto emancipador de la Ilustración. La materialidad carnal, su presencia excesiva, se vuelve emblema de todas aquellas formas de vidas inermes, carenciadas, invisibilizadas, disminuidas o peligrosas a las que se les niega todo derecho.

Así, el sujeto del relato humanista deja al descubierto el rostro negado por su imagen ideal, un perfil fascista y totalitario que necesita negar *eso* que le es más íntimo y cercano: su *extimidad* (Miller) y, por ello, biologiza la política dividiendo al mundo en dos razas: la de los que deben vivir y la de los que están destinados a morir. La narrativa edípica occidental no puede terminar sino en catástrofe o en apocalipsis zombi, porque, en su configuración extrema y paroxística, busca la normativización absoluta de la vida y el doble cierre del cuerpo en el que la identidad, centrada en lo biológico, se vuelve principio y fin como *raza* y como *destino*. El discurso biológico convertido en ley del estado totalitario marca con el signo de la inhumanidad aquellas vidas heridas por la inferioridad, la debilidad, la degeneración o la enfermedad (judíos, subversivos, negros, trans, musulmanes, indocumentados, refugiados); y enaltece con la señal de la superioridad racial la vida fuerte, cerrada y plena de aquellos con los que se funda la comunidad de un destino vivido como ideal identario (Esposito 226-227).

Pero, además, como no hay sujeto anterior a la ley que lo funda, al cancelar la diferencia en su interior, expulsándola, para constituirse puro e idéntico a sí mismo, el individuo moderno no hace otra cosa que dar lugar a una historia en la que lo excluido (la carne sin espíritu, la cosa inmunda, el cuerpo contagioso y degenerado, el muerto vivo) siempre regresa de manera espectral a reclamar por sus derechos. El siglo XIX narró este progresivo proceso de separación yo-otro en la literatura a través de la figura del *doppelgänger*. *El doctor Jekyll y el señor Hyde* de Stevenson, *El retrato de Dorian Gray* de Wlide, y *Drácula* de Stoker, mostraron el paulatino hiato entre el Yo identitario y su otro, hasta llegar al corte radical que se propone la última novela, en la que lo expulsado de la sociedad ya no es lo humano negativo que se rechaza, sino la pura animalidad (Esposito). La industria del espectáculo actual ha configurado la figura de los zombis para ocupar el lugar espectral de lo negado que regresa incesantemente a modo de bumerán para destruir a los seres humanos que les quitaron la humanidad. En ellos, la carne está desgarrada, fragmentada, y muestra su condición mortal (Montes).

El proceso de negación de lo *éxtimo* del ser humano pone de relieve que la concepción moderna del individuo autocentrado, libre y constructor de su destino, implica no solo un narcisismo ciego, sino la necesidad de crear una corporalidad-armadura que lo aísle de toda contaminación y lo proteja de la herida, haciéndolo invulnerable. La materialidad carnal, desde esta perspectiva, se vuelve superficie de escritura en la que la sociedad y el estado-nación imprimen su lenguaje como disciplinamiento, colonización, crueldad o muerte. Por ello, en el campo de la subjetividad moderna solo se puede pensar la apertura del cuerpo clausurado, atrincherado en torno al *Ego*, en términos de violencia institucional y social, o de violencia autoinfligida: cuerpos torturados, desollados o descuartizados por el castigo soberano; cuerpos abiertos en canal y fragmentados por la acción de los anatomistas o de los cirujanos; cuerpos heridos, mutilados o estallados por acción de la guerra, y las masacres colectivas; cuerpos condenados a una existencia espectral o a la muerte por el sistema, cuerpos abiertos al otro en la experiencia erótica y mística, atravesados por la herida y la pérdida; cuerpos entregados a los rituales sadomasoquistas. A este imaginario de la apertura violenta del cuerpo, debe agregarse la sinécdoque de los *órganos sin cuerpo* que se intercambian en el mercado de prótesis humanas de las nuevas tecnologías médicas, se publicitan como restos de un ideal humano comercializado (labios, pechos, cabellos, traseros), o se exhiben obscenamente en el primer plano genital e invasivo de la pornografía.

La deconstrucción del modelo humano dualista, y de los binarismos naturalizados permitió a partir de los años '60 la emergencia de otra partición de lo sensible en la que el cuerpo y su materialidad herida ocuparon el centro dando lugar a plurales relatos des-identitarios que reemplazan las antítesis radicales por el oxímoron, la paradoja, la metalepsis, el quiasmo, y suplantan la metafísica de la sustancia y el esencialismo de la identidad por categorías como "nomadismo", "Cuerpo sin órganos [CsO]", "devenir", "género molecular", "contrasexualidad", "cyborg", "posporno", "artefacto corporal", y demás. En estos contrarrelatos, el lugar de la vulnerabilidad, la violencia del estigma social y el desgarramiento de la carne, lo expulsado al afuera, se configuran positivamente, como espacios de reapropiación, resistencia, protesta, transformación y autoconstrucción.

Se manifiesta en estos planteos un reclamo de justicia y equivalencia para todos los cuerpos parlantes (Preciado), y la posibilidad imposible de un futuro no reproductivo, que le dice NO a lo existente. En estas narraciones identitarias caóticas, regidas por una lógica difusa, se ponen en marcha operaciones en las que la violencia autoinfligida para transformarse, o consentida por placer, marca los cuerpos para darles consistencia y construir sentido: cirugías, escaraciones, tatuajes, sadomasoquismo, cortes, sexo *leather*. Al respecto, observa David Le Breton, que si el dolor y el sufrimiento sin son elegidos y aceptados se atemperan porque, al ser parte de un proyecto o una experiencia deseada, poseen una significación positiva para el sujeto que los padece e incluso un valor: "donde el individuo decide sobre su acción […] el dolor está investido de una dimensión moral que recorta su penosidad, se convierte incluso en vector de la experimentación sobre sí y está vinculado con la inmensa satisfacción de haberlo superado" (2017 14).

De la misma manera, muchos artistas eligen la agresión del propio cuerpo para desnaturalizar el sentido común y hacer perceptibles la crueldad del poder, las sujeciones que impone al individuo el estado-nación y la protesta contra la violencia del mundo, al mismo tiempo que la autoafirmación de la existencia individual en una sociedad que la invisibiliza. La corporeidad se convierte en soporte material de la obra de arte ejecutada con los fluidos del mismo cuerpo (sangre, excrementos, secreciones), como gesto de repudio al orden dado, expresión de un lenguaje inconsciente reprimido, o extrañamiento de la experiencia automatizada. En esta línea, se inscribe el *accionismo* de Günter Brus que entre fines de los años '60 y principios de los '70 convierte su carne en tela sobre la que diversos instrumentos de corte y perforación inscriben un mensaje que espejea la violencia del estado-nación sobre los seres humanos. En la Universidad de

Viena, *Arte y revolución* (1968), parado sobre una silla, se desnuda ante las personas convocadas para asistir a su ritual, se corta el pecho y los muslos con hojas de afeitar, orina en un vaso y se lo bebe, vomita, defeca y esparce las heces sobre su cuerpo, se arroja al piso y se masturba, mientras canta el himno nacional de Austria.

Por su parte, Gina Pane, en la práctica del *body art*, se inflige heridas corporales con el fin de vincular el imaginario inconsciente personal con ciertos rituales de la cultura y la religión que se ponen en escena sobre el cuerpo (tatuajes, mutilaciones, escaras). En "Psyché" (1974) se corta el vientre en forma de cruz con un instrumento cortante para hacer visible la tensión entre el carácter creador de esa zona femenina, que engendra la vida, y la Cruz cristiana, evocadora de la figura del dios hecho hombre que es sacrificado para salvar a la humanidad. Pane afirma en el *Catálogo del Palau de la Virreina*, Barcelona, donde se exhibe su obra en 1990, que "La herida es la memoria del cuerpo: recuerda la fragilidad, el dolor, es decir, su existencia real". El gesto autoagresivo, así, se resignifica como defensa contra las prótesis mentales que anestesian la percepción y se inviste de sentido pues hace evidente el sufrimiento que ha sido asordinado o eliminado.

A partir de los años 80, y con el surgimiento de los movimientos que reivindican el derecho de los cuerpos *trans* en contra de todo sustancialismo identitario, se levantan las banderas de la ambigüedad, el nomadismo y la mutación como elementos de autoafirmación de la subjetividad, pensada en términos de autoconstrucción inestable, devenir y deseo. De este modo, en Latinoamérica, la figura de las travestis de las primeras crónicas de Lemebel y las performances de Las yeguas del Apocalipsis vuelven perceptible una experiencia corporal ambigua, en términos de género, que reivindica el artificio, el exceso, y la condición de *no tan mujeres* o *casi mujeres*, como elemento revulsivo. Hacia los años '90 y el comienzo del nuevo siglo, estos *desvíos* del paradigma heteronormativo se potenciarán en las versiones más radicalizadas de escritoras y *performers* argentinas *trans* como Susy Shock y Nati Menstrual que, en sus textos e intervenciones, asumen la monstruosidad como lugar identitario, y el entrelugar del *"ni…ni"*, para liberarse de toda etiqueta, ley o religión reivindicando la condición monstruosa como elección de auto-engendramiento y proyecto vital liberador.

Cuerpos vulnerados

El *Ego-corpus* moderno abroquelado en su mismidad narcisista y autoinmunitaria, deviene *Corpus-Ego* vulnerable y abierto al devenir, en un proceso que pretende des-objetarlo y convertirlo en sujeto de su propio relato. Sin embargo, esta inversión de términos no puede suprimir la violencia que suponen los procesos de auto-transformación (cirugías, implantes, escaraciones, sadomasoquismo), aunque el sufrimiento que provoca adquiera valor y sentido; ni la reducción del cuerpo a la categoría de *artefacto* transformable y sustituible por los nuevos materiales originados en el avance tecnológico. Así la reivindicación en los años '90 de la figura anfibia del *cyborg* como ideal de una nueva subjetividad (Haraway) y a comienzos del siglo XXI la postulación del *dildo* (Preciado) como suplemento que ocupa el lugar del falo en la contrasexualidad, borrando la diferencia entre original y copia y la idea de naturaleza, no pueden evitar el trazado de un vínculo con el ambivalente mito tecnocientífico que propone el ideal poshumano.

Este relato se presenta, en alguno de sus itinerarios, como modo de trascender el carácter vulnerable y limitado de la materialidad carnal con la concreción de un ideal de cuerpo *humanamente no humano*, por ejemplo, adaptado para vivir en el espacio exterior mediante un ADN artificial que se introduce en un compuesto de silicio. Se propone, así, el reemplazo de la materialidad corporal, reducida a sostén ocasional y sustituible de la vida humana, y se cierra el círculo de la violencia sobre el cuerpo que nuevamente es condenado a la insignificancia y la desaparición, reemplazado por sustancias tan eternas e intangibles como el genoma humano y el código genético que toman el lugar del alma. La ciencia ficción devenida tecnociencia fáustica es el relato de esta nueva voluta en el campo, nunca superado, de la subjetividad moderna en la que el cuerpo no deja de ser un objeto con el que el hombre o la sociedad pueden hacer lo que quieran, incluso disolverlo en la nada.

Convertido en escenario y actor central de un ritual sangriento, el cuerpo en Occidente parece no tener otro lugar que el de *lo sacrificado* (Nancy 2000). Vulnerado por la violencia de la sociedad o el estado-nación, o marcado por la herida autoinfligida para dotar de sentido a la experiencia de vivir, el sufrimiento y la agresión, física o simbólica, son el único modo en que el cuerpo se hace *presente* y se vuelve protagonista, como marca de la experiencia humana de existir en la ajenidad indiferente del mundo.

2. *Una economía sacrificial de los cuerpos*

El ser humano *es un cuerpo* que habla, piensa, ama, imagina, crea, trabaja, ilusiona, y no el propietario de su sostén carnal, tal como determina la categoría jurídica de "persona". La corporeidad coloca en el centro la condición *sine qua non* de la existencia en el mundo, la experiencia primera del límite, de la falta, de la incompletitud que constituye al sujeto. Por tanto, hablar de cuerpos, parlantes o mudos, es restituir el lugar crucial que le corresponde a esa unidad inescindible que somos, y subrayar la operación de desplazamiento, de expulsión al lugar de la cosa, como una de las características de la Modernidad, que no ha dejado de ensayar formas para violentarlo y construirlo como algo ajeno al sujeto, o por lo menos un elemento subordinado a su conciencia, su espíritu, su alma o su proyecto vital.

En una época en la que los medios tecnológicos como Internet favorecen la fantasía narcisista de completitud que niega nuevamente la consistencia corporal, de modo tal que en ese universo virtual se avasallan todos los límites que condicionan el ser social de cada individuo (Segato 2003), es más que nunca imprescindible poner en primer plano el *Corpus-Ego*, su vulnerabilidad, su precariedad, la angustiante presencia que nos expone a la herida inevitable de vivir y con-vivir con el otro. "El dolor es lo que el individuo dice que es […] simboliza el contacto físico con el mundo." (Le Breton 2017, 11-12)

En las dos novelas seleccionadas para desarrollar este tramo del trabajo, *Dos veces junio* (2002) de Martín Kohan y *El mendigo chupapija* (2005) de Pablo Pérez, se entretejen, a manera de sinécdoque, imaginarios igualmente violentos en torno a la producción de cuerpos vulnerados, en la contemporaneidad. Estos relatos esbozan los límites extremos de una tensión que tiene como polos la objetivación y el sacrificio del cuerpo, ya sea a través de tecnologías de poder, que lo ubican en el centro de una escena plural e infinita de disciplinamiento, tortura e invisibilización; ya sea como resultado de la producción de cuerpos abiertos voluntariamente al sufrimiento y al placer en la escena erótica sadomasoquista, en la que se pone en crisis el modelo heteronormativo por medio de las tecnologías del yo. En esta última vía, la abyección se convierte en la única posibilidad de amor y la felicidad.

2.1. *En el altar de la patria*

> En una guerra los cuerpos ya tampoco son de nadie: son pura entrega, puro darse a una bandera, a una causa [...] cuando en una guerra se acciona sobre un cuerpo, se está accionando sobre algo que ya no le pertenece a nadie.
> *Dos veces junio*, Martín Kohan.

Desde la perspectiva de la materialidad corporal, la novela *Dos veces junio* (2002) de Martín Kohan hace perceptibles las tecnologías de poder que producen cuerpos (heroicos, disciplinados y espectrales), en los que se inscribe, más allá de todo intento de borramiento, la firma de autor del estado terrorista. En el relato, la crueldad se convierte en un mensaje que se esculpe en la carne de las víctimas, como marca de un poder que coloniza sus cuerpos haciéndolos soporte de una violencia de la que no pueden defenderse y que les arrebata la humanidad. La historia hace evidente de un modo sesgado la fabricación artificial de seres inermes, a través de acciones intencionales y programadas como la tortura física y simbólica, la violación o el disciplinamiento extremo, que obligan a los sujetos a no pensar, a guardar silencio y a convertirse en espacio dócil de obediencia, o en víctimas sacrificiales.

En el universo ficcional de la novela, se violentan los cuerpos para castigar una transgresión, "la muy puta no va a olvidarse de esta lección que le hemos dado -dice el marido. [...] Si alguna vez quiere olvidarla -dice el amigo- el cuerpo se la va a recordar" (98); para hacerlos dóciles y silenciosos, "le clavó el taco de las botas en los pies descalzos" (43); o para obtener información: "recomendó la suspensión temporaria de las técnicas interrogativas de inmersión [...] para el caso en que hubiera interés en mantener viva a la detenida" (30-31). Sin embargo, además de esta función instrumental, el relato escenifica los alcances de la violencia expresiva (Segato 2003 y 2013), cuyo único fin es someter los cuerpos para que en ellos se lea el dominio, es decir, la fuerza y virilidad de quien lo ejerce ante una comunidad de pares presentes, real o imaginariamente, tal como muestra el film porno que construye con mirada machista una escena en la que un grupo de soldados abusa de una muchacha con su supuesto consentimiento (106), y que metaforiza paródicamente el comportamiento de los torturadores con la mujer prisionera en el *Pozo de Quilmes*, a quienes el médico militar reconoce el derecho de *hacer uso* de ese cuerpo. La violencia expresiva exhibe la gratuidad que posee el exceso de crueldad que se ejerce sobre las víctimas. En ella, se rebela un resto material insimbolizable. La experiencia de humillar y de degradar a otro produce goce: "Le arrimaron un balde y un trapo, y le ordenaron que limpiara lo que había hecho. Entre risas la vieron fregar los líquidos de su cuerpo. 'La placenta métela no más en el balde', le dijo uno, seguramente el que jugaba con la tijera que antes había servido para cortarle el cordón" (22).

La escenificación indirecta, siempre desplazada, de las prácticas de bíopoder que reducen el cuerpo de la prisionera innominada a despojo, construye una memoria ejemplar que se disimula en el tejido polémico de la novela, y hace presente el pasado a contrapelo de una coyuntura histórica en la que las leyes de *Punto final* (1986), *Obediencia debida* (1987), promulgadas durante el gobierno de Ricardo Alfonsín, y los decretos de *Indulto* sancionados por el presidente Carlos Menem (1989), presagiaban la impunidad y el olvido de los crímenes de la dictadura. Así, la narración articula "históricamente lo pasado para adueñarse del recuerdo" de dos fechas banales, 10 de junio de 1978 y 30 de junio de 1982, no para conocerlo "tal y como verdaderamente ha sido", sino, "tal y como relumbran en el instante de un peligro" (Benjamin 180).

En torno a estas dos fechas, convertidas en acontecimiento memorable, se articula la derrota de la selección argentina de futbol, durante el mundial del '78 y el del '82 en plena dictadura, con el funcionamiento de la eficaz maquinaria del estado terrorista. Este mecanismo se insinúa en las referencias de doble sentido a la noche fatídica del 1978 en la que el equipo perdió frente a Italia: corridas en medio de la oscuridad, sonidos de lucha entre gatos y ratas en un baldío, objetos personales encontrados, silencio cargado de tensión. En ese mundo posible, la realidad, igual que el futbol, está regida por la lógica de la guerra (amigo/enemigo), y por un orden jerárquico que distribuye los cuerpos (superior/subordinado; victimarios/víctimas), y las acciones que les están destinadas (mandar/obedecer; torturar/soportar la tortura; gozar/padecer; hablar/ enmudecer). Se constituye, de este modo, un espacio sin afuera asfixiante que determina lo pensable y lo impensable, lo que se quiere saber y lo que se debe ignorar, lo que se puede recordar y lo que se debe olvidar, en definitiva, lo decible y lo silenciado. En las palabras, se desata una polémica de voces y de sentidos: "Cada porción de suburbio tenía sus *campos* y sus descampados, sus propios *centros*, sus propios *pozos*, y su *lugar* en el *mapa*" (Subrayo) (100).

En el mundo siniestro y burocrático de la dictadura, que se yuxtapone a modo de colaje con la ceguera de la vida cotidiana, lo único que tiene consistencia real es la abstracción anónima de lo cuantificable: la masa corporal que debe tener un recién nacido para resistir la tortura; los segundos que hay que contar en la inhumanidad del aislamiento más absoluto para reconocer la inminencia de un nacimiento; el número preciso de orden que entrega la vida de un ciudadano a la pedagogía sádica del servicio militar; la cifra de la quiniela que designa con ironía la voz espectral de la mujer torturada a punto de morir (48: *il morto che parla*). Los números, que designan cada capítulo y separan las secciones con las que se organiza el montaje de fragmentos narrativos, dan cuenta de la despersonalización a la se somete a las víctimas cuyos cuerpos son privados de identidad y reducidos a código numérico como una mercancía regida por el valor de cambio. A esto se agrega el uso de un lenguaje en clave, secreto, que borra la posibilidad del testimonio, en tanto discurso en primera persona de alguien que refiere haber vivido o presenciado determinados hechos (*testis, superstes*). La novela adopta como estrategia de escritura los dispositivos de escamoteo del poder totalitario con una paradójica voltereta que cierra y abre, al mismo tiempo, la construcción del horror. De esta manera, las palabras, las frases dicen una cosa y sugieren otra, ya que se convierten en claves de lectura que hacen ostensible una barbarie que se quiere negar.

> El doctor Padilla recomendó, ante todo para evitar un mal momento a los interesados, que nadie hiciera uso de la detenida, hasta tanto no pasaran unos treinta días desde el alumbramiento. Aclaró que a sus palabras había que tomarlas como una recomendación general, pero que luego cada uno era dueño de su vida (28).

La narración toma, así, la forma de una cinta de *Moebius* en la que la precisión metódica del burócrata, que todo lo reduce a procedimiento formal, y la verdad del saber médico aplicada sobre los cuerpos violados y torturados para prolongar la posibilidad de extraer información, aseguran el funcionamiento de un engranaje que difumina la diferencia entre el afuera y el adentro. La finalidad de este dispositivo es producir, tanto en el país como en los centros clandestinos de detención, cuerpos disciplinados o desubjetivados, cadáveres heroicos o desechos humanos, torturadores o espectros. Se construye, así, una realidad signada por el terror en la que el ejercicio ilimitado de la violencia, y la crueldad más allá de toda ley, convoca los fantasmas del pasado que irrumpen con la forma de la voz dócil de un subalterno. Esta voz, mimetizada con el formalismo vacío de la dictadura, cuenta una historia pródiga en escamoteos y silencios en la que se da testimonio del horror negándolo, reduciéndolo a lugar común del lenguaje, detalle banal, reticencia culpable: "vos calladito" (20); "Yo prefería no saber" (27); "El doctor Mesiano nunca hablaba de esas cosas" (27); "todo en la vida es cuestión de costumbre" (29); "Un día apareció una mancha en el asiento de atrás" (40).

En el doble juego que propone la ironía textual, polemizan la retórica de la elipsis con la praxis del exceso. De un lado, la escritura burocrática que borra, tacha o difumina a través de la supresión, la lítote, la metonimia, la metáfora y el doble sentido; del otro, la hipérbole horrorosa de unas prácticas que dislocan y luego hacen desaparecer los cuerpos torturados y deshumanizados; los cuerpitos infantiles expropiados y privados de identidad; y la carne-de-cañón de los soldaditos destinados a morir o matar por la Patria en la guerra de Malvinas. El poder macho del estado totalitario silencia la carne, le impide pensar a los cuerpos y los feminiza, para abusarlos y violarlos sin menoscabo de su virilidad. En sus juegos de verdad, todos por igual son objeto de saber-poder, instrumentos de dominio, meros vehículos de obediencia e intercambio: "el que da algo recibe algo, y el que no da nada, lo pierde todo" (37).

En ese universo fatídico, desconsolado, donde "nadie tenía palabra alguna para decir" (77), se teje un vínculo secreto entre los cuerpos de la prisionera violada y torturada hasta la muerte, las putas vietnamitas que contraen sífilis para contagiar al enemigo sacrificándose por la Patria, la mujer y la chica abusadas ficcionalmente en las escenas de los films porno, y el tic incontrolable de una prostituta que se somete a un simulacro sadomasoquista con el narrador-soldadito que quiere que no le mienta, que le diga la verdad. Este vínculo entre los cuerpos femeninos y la violencia se materializa en la pregunta retórica del doctor Mesiano: "¿Qué puta no sabe que su cuerpo no es suyo?" (120). Corroborando esta sentencia, se organiza un juego de espejos que articula los fragmentos dispersos en los que la violencia incrusta su mensaje reificador sobre los cuerpos vulnerables de las mujeres, los convierte en algo abyecto, y los enmudece, "'Callate, hija de puta, cállate de una vez'" (138). De esta manera, solo pueden hablar el lenguaje del opresor, "Matame soldadito, matame" (188) o hacer silencio y morir. Sin embargo, esos mismos cuerpos humillados, despojados de humanidad, desaparecidos, se revelan al intento de borramiento y a la mudez. Regresan con la forma de lo fantasmal, para erosionar toda posibilidad de olvido. Por ello el narrador cerrará su relato diciendo: "sueño con una mujer de rostro difuso, una mujer indefinida; pero en el sueño yo sé que se trata de ella, y en ese rostro difuso existe el tic. [...] ella se acuerda de mí. Se acuerda bien y me lo dice" (188).

El cuerpo de la mujer secuestrada, violada, torturada hasta la desaparición, expropiada de lo único vivo que pudo alumbrar en ese mundo de oscuridad y aislamiento, su hijo, emerge con la consistencia fantasmal de la pesadilla como sinécdoque de la inhumanidad del terrorismo de estado. A través del ese cuerpo anónimo abusado y estigmatizado ("perra", "puta", "conchuda") colocado en el espacio espectral de lo que no es ya ni vida ni muerte, el horror se vuelve narrable, imaginable y pensable. Por eso, la novela, en tanto escritura, se convierte en testimonio de que, más allá de la ficción, ese pasado *ha sido* y fue posible por la complicidad de quienes no quisieron ni ver, ni oír, ni imaginar, ni pensar la violencia del estado terrorista sobre los cuerpos: "Me pidió que le salvara al hijo, que llamara desde un teléfono público para decir dónde los tenían, y que después cortara la comunicación [...] 'Callate de una vez' le dije yo, 'no hables más, hija de puta, no ves que ya estás muerta'" (139).

2.2 *Una ascesis sadomasoquista: de la noche oscura a la iluminación*

Quiero vivir encadenado/en el sling/
a Tu Merced/ y ahí ser castigado.
El mendigo chupapija, Pablo Pérez

En quiasmo[3] con el horror escrito en los cuerpos torturados de las víctimas del estado terrorista, que narra *Dos veces junio* (2002) de M.

---

[3] El *quiasmo* es una figura retórica del discurso que se centra en el uso de dos mecanismos: la repetición y la inversión, por lo que hace perceptible los elementos comunes entre relatos y los sentidos contrarios que se abren por la función diferente que cumplen en cada uno de ellos.

Kohan; *El mendigo chupapijas* (2005) de Pablo Pérez[4] centra su relato *camp-porno* en la errancia de un cuerpo intensamente deseante que encuentra en la parodia de tortura de las prácticas homo sadomasoquistas, el sexo *leather* y la marginalidad, el camino para modificar una experiencia vital inconsistente. En efecto, si bien ambas novelas diseñan un espacio urbano laberíntico y cerrado, mundos ficcionales regidos por un formalismo que reglamenta tanto el lenguaje como las prácticas, relaciones atravesadas por el poder, y una organización jerárquica que distribuye los cuerpos en binarismos (arriba / abajo; activo / pasivo; superior / subordinado; torturador / víctima; señor / esclavo), las piezas de este entramado de violencia adquieren sentido divergente en cada uno de los relatos, en relación a su funcionamiento y a sus efectos sobre los cuerpos, y la construcción-deconstrucción de la identidad que ponen en acto.

En *Dos veces junio*, la ficción describe de manera ambivalente, en la tensión entre el discurso elíptico y las prácticas excesivas, las tecnologías de poder institucionalizadas por un estado autoinmunitario que ha declarado la guerra a una parte de la población considerada peligrosa e (in)humana no solo para aniquilarla sino también para borrar las huellas de su existencia. Esas técnicas violentas de sometimiento, humillación, tortura y desaparición, que llegan al plus de una crueldad innecesaria, tienen como finalidad anatomopolítica la producción de cuerpos individuales disciplinados, inermes y desubjetivados, y, a través de la aceitada maquinaria de terror y control militar. Este *modus operandi* gobierna la constitución de un *estado de excepción* en el que los dispositivos bio-tánato-políticos tienen la potestad sin límites de configurar un cuerpo social dócil, sordo, mudo y ciego a lo que ocurre en la Argentina, oculto tras la épica del mundial del 78 y el brillo de los cuerpos heroicos de los jugadores de la selección nacional.

En la novela-*trash* de Pablo Pérez, por el contrario, se narra la historia descentrada y excesiva de la búsqueda del amor "ideal" y la felicidad a través de la abyección. Para ello, se entretejen en la trama textual la gramática de lo erótico cursi, las imágenes fragmentarias del porno, la violencia física del sadomasoquismo y el sexo *leather*[5], como espacios signifi-

---

[4] Primera novela "queer trash" del proyecto de la editorial Belleza y Felicidad, que se publicó como folletín en cinco entregas como si se tratara de una revista porno (Marguch 221-222).

[5] Si bien se dan unidas, en la novela se establece una diferencia entre la se-

cantes de los devaneos, las sensaciones, las pulsiones contradictorias y la experiencia de sufrimiento-placer de un cuerpo que se configura como un narciso solitario "en medio de esta jungla doméstica" de la que se eleva "delicadamente mirando hacia abajo, tímido del mundo" (15).

  El simulacro de tortura característico de las prácticas SM materializa, en el relato un contrato consentido por ambas partes (Master/slave), en el que los juegos de poder ritualizados, y la reversibilidad de los roles sirven para crear experiencias extremas y nuevas de deseo y placer que extienden el erotismo a la totalidad de la materialidad corporal (Foucault 2008), al mismo tiempo, enuncian una retórica de descuartizamiento del cuerpo caliente y fuera de sí que se formaliza a modo de sinécdoque: *pija, bulto, boca, lengua, culo, sudor, olor, tetillas, pendejos*. Así entre los tropos del porno, que construye órganos sin cuerpo, y el devenir abierto, mutante, errático, pulsional de un CsO sadomasoquista en el que se subvierten todos los órdenes (Deleuze-Guattari), el *Ego-Cuerpo* se deshace, se olvida del orden normativo y sus emplazamientos y se somete a la intensidad de la experiencia erótica hasta suprimir toda identidad subjetiva unaria. Convertido en cuerpo doble solo está habitado por intensidades de dolor y placer y se reorganiza-desorganiza en torno a ese dolor-placer que hace estallar lo cerrado. Esta manera de practicar el cuerpo establece una lógica contrasexual que refuta la reducción orgánica de la sexualidad a determinadas zonas erógenas y refuerza el poder revulsivo de las desviaciones y derivas, que se apartan del sistema falocéntrico (Preciado).

> Los pasos severos, el sonido grave de las botas contra el piso de madera, sonaban como las pisadas de un gigante. Cada paso se prolongaba en el tiempo y mi deseo crecía. Vi entre sus dedos un par de pinzas para las tetillas que me colocó enseguida. Acercó la brasa del cigarro a la pinza que apretaba mi tetilla izquierda y a través del metal plateado me llegó el calor del fuego hasta el corazón que se me ace-

---

xualidad leather, que implica aceptar una serie códigos de vestimenta (prendas de cuero, hule, uniformes, ropa de trabajo, etc.) y el sadomasoquismo que supone fetichismo, adoración de pies, golpes, quemaduras, etc., y en el que los roles son dominar y castigar como Amo o actuar sumiso y obediente como esclavo.

> leraba. Después de pasarle un poco de saliva a la tetilla acercó decididamente el cigarro. No pude contener los fuertes gritos. José retiró el cigarro y escupió sobre la quemadura [...] Me lubricó el culo y sentí el bastón de policía con el que me premiaba al final de cada sesión. [...] Veía su pija enorme tan dura como el palo que me estaba metiendo. Me ordenó que se la chupara, me obligó a tragármela hasta el fondo. Yo me ahogaba y tosía, se me llenaban los ojos de lágrimas, me sentía horrible. [...] Entonces me sacó la pija de la boca, el bastón del culo y me cogió desenfrenado, poseído, fuera de sí. Sentí un destello. José empezó a gritar como un salvaje, estaba acabando, y a mí me saltó la leche hasta por detrás de la cabeza. (13-14)

No obstante, en el personaje de Pablo, el protagonista de la narración, estos rituales tienen una función multivalente porque no solo le permiten explorar nuevas posibilidades e intensidades en el cuerpo, liberado de la sexualidad normativa y convertido en toda su extensión en carne abierta al goce, sino darle espesor al agujero negro de su existencia, al convertirse en un camino de sanación imaginario. La experiencia del dolor cura el dolor y transforma a quién lo sufren por propia voluntad, potenciando la percepción de sí (Moreno 2006; Le Breton 2017). Pablo se adueña de su vida y accede al *amor* a través del sufrimiento buscado. En este sentido, el SM y el sexo *leather*, que suponen además la presencia y la guía de una alteridad, funcionan como *tecnología del yo* a través de la cual se desarrolla un arte de vivir y una vía de ascesis que tienen como fin la felicidad, aunque esa felicidad se imagine a lo largo de la novela de manera ambigua y contradictoria: como delirio místico (52), como visualización kitsch del paraíso (68), o como premio final del dar amor cristianamente sin pedir nada a través de la entrega al dolor:

> La sesión [...] duró casi tres horas y tuve que pedir piedad dos veces para detener los castigos cuando ya no podía soportarlos. La recompensa a todos los padecimientos no fue

menos importante. Martín me besó durante más de dos horas [...] Mientras él me besaba sentía que un dios había bajado del cielo a darme ese momento único, bello, la energía de un amor desbordante, ilimitado (63).

Las sesiones leather SM de las que participan Pablo, Báez, Martín, José, entre otros personajes, muestran de manera clara la diferencia entre esas prácticas y la crueldad sin control de la tortura, la violación y el crimen. El horror del totalitarismo implica producción de inhumanidad en el cuerpo de las víctimas y una subjetividad quebrada. El ritual sadomasoquista parodia la naturaleza sexual oculta en el fascismo, pero no lo legitima ni le rinde culto (Moreno 97); aunque en estas prácticas se produce una erotización del poder (Foucault 2008). Por ello, se utilizan emblemas de dominio como parte del juego (cadenas, botas, uniformes, látigos, bastones de policía, sogas, etc.) y prácticas de castigo y tortura atenuadas (sofocamientos, quemaduras con cigarrillos encendidos, escaraciones, golpes, latigazos, ataduras, penetraciones anales con objetos, etc.), que tienen como límite el dolor soportable por quien ejerce el rol de *sumiso*, que al mismo tiempo es una subjetividad tan deseante como la del *Master*. Por otra parte, estos papeles de *amo* y *esclavo* son intercambiables, de modo que las relaciones de poder se vuelven reversibles, además de consentidas y deseadas.

Sin embargo, a pesar de las diferencias sustanciales de contexto y de sentido entre la tortura y el SM, hay algo de peligro potencial que no se borra del todo en estas prácticas paródicas de violencia y abuso sobre los cuerpos característica de la violencia estratégica institucional. En los rituales SM, el objetivo central es crear nuevas formas de placer y exacerbar la potencia erótica del cuerpo, pero en ellos sobrevuela la posibilidad del descontrol, del exceso secretamente deseado por cada una de las partes en juego, que se hallan tensionadas por el límite entre lo permitido y lo prohibido. Esta situación de riesgo indecidible refuerza el goce y el erotismo: "Creo que no hay nada más excitante que estar con alguien que puede llegar a ser peligroso y a la vez protector. En eso el Comisario era muy bueno. A veces pienso que con la personalidad que tiene no sería raro que se le ocurriera lastimarme y aun así lo dejo que me ate" (52).

La inestabilidad en la frontera entre violencia institucional (expresiva e instrumental) y parodia SM irrumpe en la novela de modo claro cuando se narra la historia del "Comisario" Báez, el mejor "leather Master de Buenos Aires" (Pérez 30-35). La *iniciación* de este personaje se produce en la cárcel de Caseros, donde permanece durante seis meses por una denuncia de su mujer que lo acusa de golpeador, alcohólico y adicto a la cocaína. En prisión, luego de haber sido violado por sus compañeros que ven en él "un voluptuoso cuerpo de porno star" (32), se convierte en amante de Castro, un guardia-cárcel que actúa como maestro de sexo leather y sadomasoquismo. En las sesiones, se produce una suerte de metalepsis entre abuso carcelario y ritual SM, porque el guardiacárcel invierte la relación de dominio, hace vestir a Báez con su propio uniforme y le deja usar su arma reglamentaria cargada mientras Castro se desnuda y le lame las botas o se tira al suelo pidiéndole que "lo pateara, lo pisoteara y le hiciera todo lo que quisiera" (33). Esta teatralización invertida del maltrato carcelario es seguida por el sometimiento del preso, quien luego de actuar como *Master* debe "aguantarse por la boca y por el culo la enorme pija de Castro cuando al fin de cada sesión éste lo ataba a las rejas de aquella celda" (33).

    La secuencia narrativa, fechada ficcionalmente en 1990, un año después del indulto presidencial a los genocidas, establece una fisura que abre un nexo inquietante entre las prácticas de tortura y violación de la dictadura narradas a través de sus efectos en *Dos veces junio*, el sistema carcelario en el que los cuerpos son reificados, abusados y disciplinados, y la obscenidad erótica que pone al descubierto la escena de sexo sadomasoquista, en la que el lector queda atrapado en el rol del tercero voyeurista. En *El mendigo chupapija*, las más de las veces la relación SM asume una estructura triangular en la que Pablo es el sumiso, José el amo, y Báez el Comisario-, el voyeur que provee los instrumentos de castigo y se erige como figura suprema de dominio y temor que lo mira y lo controla todo: "Mi máximo goce sería que me pusieran en una guillotina, que José me cogiera ahí y que, en el momento del orgasmo, el Comisario me cortara la cabeza" (41), escribe Pablo en una carta que nunca llega a enviar.

    Esta evocación de las relaciones de poder reales se acentúa en la novela con el uso de una serie de procedimientos que son análogos a los de *Dos veces junio*. Uno de ellos es el uso de referencias cuantitativas para describir la materialidad corporal de los personajes como efecto de una mirada al mismo tiempo deseante y reificadora: la medida descomunal de las "pijas", la profundidad de la "boca", el volumen de la masa corporal de los personajes que practican sexo leather, "Castro, un pelirrojo barbudo, muy peludo, de un metro noventa y cinco de estatura [...] Tenía una pija de veinticuatro por siete" (32). Otras de las similitudes tienen que ver con el tratamiento humillante de "perro" para los personajes sometidos, el uso de la estilización (amo / esclavo) que da un valor abstracto y despersonaliza a los personajes, y ciertas características que marcan la presencia de un discurso "en clave", codificado, en el que se hace evidente el carácter doble que adquiere el uso de algunas palabras como "piedad", "señor", "perro", durante el ritual SM.

Por otra parte, las escenas SM de la novela ponen en evidencia que la herida simbólica o física se vuelve condición del goce, ya que sufrir de manera controlada, aunque al límite del peligro, permite que el erotismo llegue a su punto máximo. El dolor buscado se diferencia del sufrimiento ocasionado por las circunstancias de la vida cotidiana (crueldad, invisibilización, abuso, exclusión, estigmatización) y adquiere una función subjetiva importante en aquellos, como Pablo, que se sienten desbordados en su imposibilidad de dar un cause satisfactorio a su vida y sus deseos. "El dolor acota la presencia en el mundo, brinda la convicción de estar aún aquí, todavía vivo, presente en sí mismo. Es un brote de identidad" (Le Breton 2017, 14-15). Por ello, en la novela, la descripción en primera persona de los rituales SM entreteje el sufrimiento y la erotización que provocan la humillación de ser tratado como un perro, disciplinado con un látigo, golpeado y penetrado con bastones policiales, quemado con cigarrillos y demás. El peligro excita, pero también produce un sentimiento de protección que da seguridad a quién es castigado y lo hace sentirse existente. Pablo le dirá a uno de sus Amos, José, "la relación que tuvimos hasta ahora me volvió a la vida" (50).

Así, los arabescos que la narración de P. Pérez va trazando (autoficción, diario íntimo, relato con narrador externo en tercera persona, montaje de mails y cartas), paralelos a las oscilaciones del personaje y sus deseos, diseñan un juego de espejos entre la estructura nómade de esta historia de amor brutal y obscena (Link), y la errancia-yiro por la ciudad de Pablo, cuya subjetividad es inestable y está impulsada por un hambre de amor, que busca respuestas en la experiencia afrodisíaca del peligro, la interpretación de signos (azar objetivo), la espiritualidad mística y la escritura automática. En ese tejido simbólico y material, el encuentro con los cuerpos-otros, muchas veces frustrante, se convierte en un intento por salir del mundo familiar para sumergirse en el desvío de la marginalidad y la abyección, único espacio en el que se hace posible alcanzar la felicidad de un contrato en el que se intercambia entrega amorosa y cuidado. En ese espacio contradictorio, el cuerpo se vuelve vulnerable, se abre a la herida y al mismo tiempo se siente protegido del sinsentido y del vacío.

El personaje que da nombre al relato, "el mendigo chupapija", es clave de lectura de la novela autoficcional que tiene como protagonista a Pablo. El mendigo asume en el "ritual" de la *felatio* el lugar del sometido, del perro y, en la clandestinidad oscura del cine, "se la traga obedientemente" con el "agujero infinito de su boca" (9), insaciable en la necesidad de obturar una falta que confunde la voracidad sexual y el hambre ocasionado por la miseria: "El mendigo disfruta de las pijas que chupa como si fueran panes, salchichas, chorizos o morcillas. Ante la miseria y el hambre se da banquetes de pijas de todos los sabores y tamaños" (44). Su ámbito es la marginalidad, la abyección y la vida absolutamente carente de bienes materiales. Vive de las limosnas que obtiene en el atrio de una iglesia y cuando Pablo lo ve allí, se convierte en cifra de su vida, interpretada como cruce de lo sublime y lo abyecto. Ambos destinos se encuentran en la intersección del exceso y el desvío, de la falta y el derroche, en la que la anomalía se vuelve espacio de ascesis, y señala una política sobre lo viviente que implica un replanteo del ser corporal y de la existencia (Link).

Por ello, hacia el final del relato, expulsado de su hogar por el padre, expuesta su itinerancia sexual a la lectura normalizadora del "diario íntimo" que hace su familia y sintiendo la necesidad de un cambio radical en su vida, como la *Amada* que sale a buscar al *Amado* tras "Noche oscura del alma" en el poema místico de San Juan de la Cruz, y en el interior-exterior de una casa abandonada, conducido por un Virgilio-mendigo que se masturba en la calle, el personaje encuentra un nombre como don del nuevo *Señor* al que se somete. Un indigente llamado *Chino* le dará el amor, la paz y la protección que había estado buscando como un perro sin amo en sus yiros por las calles de la ciudad, en las prácticas SM, en las visualizaciones espirituales, en la escritura automática y en la oscuridad de los cines porno. El acto de sumisión final que expresa un *devenir-mujer* en el que parece consumirse-consumarse el ansia de absoluto, es narrado como *amor fati*, reconciliación y entrega al universo. Así, el *The End* de la historia se escribe muy próximo a las paradojas de la experiencia mística, que el lenguaje materializa fusionando la erótica del *habibi* y la cursilería distanciada del *camp*:

Poneme un nombre vos -le dije y me acerqué. Me recosté sobre su cuerpo y él, con su mano grande y sucia, me acercaba el tetrabrik a los labios. Al principio sentí miedo, pero al poco tiempo entré en confianza, podía sentir en sus caricias una paz fuera de lo común y me dejé llevar. [...] Pude sentir su pija dura contra mi espalda. Una vez más, la energía luminosa y vibrante subió desde la base de mi columna hasta emanar por mi coronilla. La luz me inundaba cuando volví a ver ángeles.

Es la noche más luminosa de mi vida. Ahora los demás duermen y yo siento una libertad que nunca antes había sentido. Me protege en sus brazos Chino, que me trata como a una mujer, me protegen los ángeles y la noche, un viento tibio y el cielo estrellado (76-77).

3. *Coda: Cuerpos vulnerados*

El cuerpo se hace presente en *Dos veces junio* de Martín Kohan y *El mendigo chupapija* de Pablo Pérez *desnudo*, como materialidad carnal en la que se escenifica la violencia del poder o como espacio de un ritual erótico SM a través del cual deviene CsO. En ambas novelas, se puede recortar una serie de aspectos en común que permiten pensar la relación entre ambas con la forma del *quiasmo*. Esta figura construye un recorrido que va desde la crueldad del biopoder, en la que se manifiesta el paradigma inmunitario moderno que divide los cuerpos y determina su destino de vida o de horror, hasta la experiencia erótica en la que sufrimiento y placer se confunden en el límite exacto en el que afirmación de la vida y peligro de disolución, discontinuidad y continuidad, se tocan.

En este itinerario ambivalente, toma preminencia el *Corpus-Ego* en tanto materialidad parlante y sintiente que en la herida logra el estallido de la identidad cerrada y unaria y se abre a lo otro. La violencia, como el planeta Melancolía del filme homónimo de Lars Von Trier, hace estallar el cuerpo individual cerrado, lo descoloca, lo desarticula y lo desorbita, aunque no de la misma manera en cada una de las obras. En un caso, se produce un cuerpo-objeto, inerme, cruelmente vulnerado, en el límite de lo humano, y por ello espectral; en la novela de Pérez, el cuerpo se constituye como apertura al otro en el vínculo con un tú *en* y *con* el que se reformula, en irónica entrega al entrelugar de la disolución dionisíaca.

El relato de Martín Kohan hace presente los efectos de la violencia estatal sobre los cuerpos, su desgarramiento, su disciplinamiento y su uso. En el contexto de un mundo ficcional militarizado y burocrático, que piensa la relación con la diferencia como guerra, aquello que queda afuera del estado-nación, concebido como totalidad cerrada idéntica a sí misma, debe ser disciplinado, aniquilado y/o borrado. Por esa razón, los cuerpos, y la existencia que en ellos tiene emplazamiento, solo valen en la medida en que sirven de alimento a una Patria antropófaga que los expropia de sí y los convierte en carne de cañón, espacio de producción de verdad, desecho abyecto o inexistencia. En la novela, a través de las tecnologías del bíopoder, los cuerpos se someten, se colonizan, y se despojan de toda humanidad. La relación amigo/enemigo que construye el fragmentario tejido textual, sostenido por un discurso médico y burocrático, revela un resto de violencia innecesaria que no puede simbolizarse pero se materializa como goce y negación absoluta de las vidas aprisionadas e inermes: "¿A partir de qué edad se puede empesar [sic] a torturar a un niño?" (11).

La novela de Pablo Pérez, por su parte, resignifica la violencia presente en ciertas tecnologías de poder (humillación, tortura física y violación) construyendo secuencias en las que los golpes, los sofocamientos, las quemaduras, las ataduras, el ejercicio del dominio y la humillación son buscados por ambas partes en juego, consentidos y ritualizados para lograr que el sufrimiento se convierta en mediador del deseo, del placer y del amor, en un gesto contrasexual que los degenitaliza. Cuanto más dolor más deseo, cuanto más deseo más placer, cuanto más placer más dolor, pero no porque se busque el dolor sino acrecentar el ansia hasta convertirla en escenario de una entrega animal. La marca del exceso (de cursilería, de calentura, de placer, de sufrimiento, de humillación, de formalismo ritual, de inorganicidad) se construye como eclosión volcánica en la que se pierde el *Ego*. Se pone en primer plano la intensidad orgiástica de un cuerpo en relación con otros cuerpos (el del que imita la tortura, el del que mira). El *Ego-corpus* se somete por amor y hambre a la devoración y a la consumación del sacrificio de una corporeidad que goza, sin poder detenerse, hasta el límite de lo soportable, mientras fantasea amores ilusorios y cuidados que justifican la violencia, como un modo de superar la fragilidad, el aislamiento y la inconsistencia.

El simulacro del proceso de transformación, en Pablo, se escribe como *un arte de vivir* paradójico porque se concreta como sueño *kitsch* de paz y felicidad en la precariedad, como ascesis a través de lo abyecto y como parodia de la pasión cristiana. Lo más alto y lo más bajo se tocan con lo sublime y lo ridículo, los cliché de la cursilería sentimental y el porno obsceno, la mística espiritual y el goce carnal, la elevación y la caída, la marginalidad y el centro, la intemperie y la protección, la falta y el derroche. A través del yo autoficcional, un *Pablo-Cristo* paródico expulsa con la escritura lo íntimo al afuera. Abandonado por el *Padre* y entregado a la intemperie de la exclusión social voluntariamente, cumple el destino que le marca al comienzo del relato la presencia disonante del *mendigo chupapija*. Por ello, la novela finaliza con un sacrificio sacrílego. El pan, una carne que se cuece en la parrilla pero también el cuerpo de Pablo en entrega a lo desconocido, y el vino del *tetrabrik*, son los lugares comunes que organizan una misa herética en la que confluyen las premoniciones de Mme. Bonot sobre *su misión* en la vida (la *sumisión* SM como acceso al amor universal y la escritura de esa sumisión), y el destino que el Occidente platónico y cristiano le asignó al cuerpo: el sacrificio.

Así, el sistema caótico del relato organiza con un final tan místico como peligroso la inestabilidad de la vida de Pablo (la salida del agujero negro y la cura) signada por un cuerpo atravesado por el deseo excesivo de coger y por el anhelo de un amor tan perfecto como *kitsch* e irreal. Se plantea una erótica cuya vía es la entrega al dolor y a la humillación, materializada en diferentes personajes (José el astrólogo, Martín el aprendiz de Master) y concluye en Chino, el indigente desconocido en el que Pablo encuentra la paz y la protección buscadas, el cierre de su errancia por la ciudad y el final de su deriva interpretativa de signos. Tan incierta como delirante en sus itinerarios, la novela de Pablo Ramos renueva y parodia las fantasías de "entrega del cuerpo", y de expropiación de la vida por el otro, como símbolo supremo del amor.

En el punto extremo de la violencia sobre los cuerpos y la vulnerabilidad, las dos novelas se articulan, a pesar de las historias y mundos dispares. De un lado el sacrificio del cuerpo de los hijos de la Patria para que despojados de sí mueran o maten en la guerra, y la crueldad de las tecnologías de poder del estado terrorista que convierte los cuerpos vivos del "enemigo subversivo" en despojos privados de humanidad. Del otro lado, la tortura convertida en ritual de dominio y sometimiento, mediador del placer, y la parodia del discurso religioso sacrificial de la entrega al Otro. La escritura toca los cuerpos en su límite mismo, pero no los escribe como la violencia, no se incrusta en su carne, no los atraviesa, ni los hace hablar o los condena a silencio: no los sacrifica. Los *ex-cribe* al rozarlos con el sentido en la frontera en que sentido y cuerpo se separan (Nancy) porque el sentido es radicalmente diferente a la piel, a los órganos, a la sangre, al dolor y a lo real. Sin embargo, esa diferencia, esa separación, hace visible la presencia de los cuerpos en su vulnerabilidad y los rescata del silencio, de la insignificancia, de la disolución y del olvido. Los transforma en heterotopías de desvío, en las que se puede leer el rostro proteico y multiforme de la violencia de este presente, en la que unos cuerpos parecen tener más derecho a la vida que otros.

Bibliografía

Balibar, E. *Violencias, identidades y civilidad*, Barcelona: Gedisa, 1995.
Benjamin, Walter. "Tesis de filosofía de la historia, en: *Discursos interrumpidos*, Buenos Aires: Editorial Planeta-Agostini, 1973.
Burger, Peter y Christa Burger. *La desaparición del sujeto Una historia de la subjetividad de Montaigne a Blanchot*, Madrid: Akal, 2001.
Buttler, Judith. *Vida precaria. El poder del duelo y la violencia*. Buenos Aires: Editorial Paidós, 2004.
Cavarero, Adriana. *Horrismo. Nombrando la violencia contemporánea*. México: Ed. Anthropos, 2013.
Chul Han, Byung. *La agonía del Eros*, Barcelona: Herder Editorial, 2014.
Corbin A., Courtine J. J. y Vigarello, G. *Historia del cuerpo. Las mutaciones de la mirada. El siglo XX*. Vol III, Madrid: Taurus, 2006.
Corominas, Joan. *Diccionario etimológico de la lengua castellana*, Madrid: Gredos, Tercera Edición, 1987.
Deleuze, G. & Guattari, F. *L'Anti-Oedipe*, Paris: Les Editions de Minuit, 1972.
Esposito, R. *Bíos*, Buenos Aires: Amorrortu Editores, 2004.
Foucault, M. *El nacimiento de la clínica*. México: Editorial Siglo XXI, 2011.
---. "Entrevista: sobre el placer, masoquismo, y varios jugos, 2008, en: https://gritasalvaje.wordpress.com/2008/10/21/michel-foucault-entrevista-sobre-el-placer-masoquismo-y-varios-jugos-fragmentos/
---. *Tecnologías del yo*, Buenos Aires: Editorial Paidós, 1981.
---. *El cuerpo utópico. Las heterotopías*: Buenos Aires: Nueva Visión, 1994.
---. *Los anormales*, Buenos Aires: Fondo de Cultura Económica, 1999.
Haraway, Donna. "A Cyborg Manifesto: Science, Technology, and Socialist-Feminism in the Late Twentieth Century" in *Simians, Cyborgs and Women: The Reinvention of Nature*, New York: Routledge, 1991. 149-181.
Kohan, Martín. *Dos veces junio*, Buenos Aires: Sudamericana, 2002.
Kristeva, J. *Poderes del Horror*, Madrid: Editorial Siglo XXI, 1980 (trad. Nicolás Rosa).
Le Breton, David. *El cuerpo herido*, Buenos Aires: Topía Editorial, 2017.
---. *Antropología del cuerpo y modernidad*, Buenos Aires: Nueva Visión, 1990.
Link, Daniel. *Clases. Literatura y disidencia*, Buenos Aires: Norma, 2005.
Marguch, Juan Francisco. "La fiesta anómala. Una lectura de la sexualidad

en El mendigo chupapijas de Pablo Pérez", en: *Badebec 2*, vol 1, *Revista del Centro de Estudios de Teoría y Crítica Literaria*, Universidad de Rosario. 220-240.

Miller, J.A. *La extimidad*, Buenos Aires: Paidós, 2010.

Montes, Alicia. *De los cuerpos travestis a los cuerpos zombis. La carne como figura de la historia*, Buenos Aires-Los Angeles: Editorial Argus-a, 2017.

Nancy, J.L. *Corpus*, Madrid: Arena Libros, 2000.

Pérez, Pablo. *El mendigo chupapija*, Buenos Aires: Editorial Mansalva, 2005.

Petrarca. *Cancionero*, Barcelona: Editorial Bruguera, 1987.

Preciado, Batriz. *Manifiesto contrasexual*, Madrid: Editorial Opera Prima, 2002.

Rancière, Jacques. *El espectador emancipado*, Buenos Aires: Manantial, 2008

Shaeffer, Jean Marie. *Arte, objetos, ficción, cuerpo*, Buenos Aires: Biblos, 2013.

Segato, Rita. *La escritura en el cuerpo de las mujeres asesinadas en Ciudad Juárez*, Buenos Aires: Ediciones Tinta y Limón, 2013.

---. *Las estructuras elementales de la violencia*, Buenos Aires: Universidad de Quilmes y Editorial Prometeo, 2003.

Sibilia, P. *El hombre postorgánico, Cuerpo, subjetividad y tecnologías digitales*, Buenos Aires: Fondo de Cultura Económica, 2013.

Vigarello, G. *Historia de la belleza. El cuerpo y el arte de embellecer desde el Renacimiento hasta nuestros días*, Buenos Aires: Nueva Visión, 2005.

Von Trier, Lars (Dir./Guion). *Melancolía*, Dinamarca: Producción Zentropa Entertainments, Slot Machine, Memphis filmes, Liberator Prouctions, 2011.

Rapsodia Inconclusa de Nicola Costantino:
del exceso a la ausencia de cuerpo

María Cristina Ares

Noticia de la autora

María Cristina Ares es Licenciada en Letras, Profesora en Letras y Profesora en Filosofía por la Universidad de Buenos Aires. Es Profesora Adjunta de "Estética" en la Carrera de Artes y docente de "Teoría Literaria II" en la Carrera de Letras, ambas de la Facultad de Filosofía y Letras de la Universidad de Buenos Aires (UBA). Es autora de varios artículos y ha participado en varios libros entre los que figuran: *Otro mapa de la violencia. Enfoques teóricos, recorridos críticos*; *Cuestiones de arte contemporáneo. Hacia un nuevo espectador en el siglo XXI*; *Estéticas de lo extremo*; *De memoria. Tramas literarias y políticas: el pasado en cuestión*; *Vanguardias revisitadas. Nuevos enfoques sobre las vanguardias artísticas*.

Del exceso a la ausencia de cuerpo

Rapsodia Inconclusa es una obra de la artista rosarina Nicola Costantino quien representó a nuestro país en la 55° Bienal Internacional de Venecia en 2013[6]. La muestra está centrada en la figura de Eva Perón y está compuesta por instalaciones, videoinstalaciones y fotos objeto que se dividen en cuatro estaciones tituladas: *Eva. La lluvia, Eva. La Fuerza, Eva. El Espejo* y *Eva. Los Sueños*.

Se suman a esta muestra un cuerpo de documentos, notas y artículos sobre la artista y su obra, videos sobre el backstage del montaje en la Bienal y la proyección de la película biográfica de Nicola Costantino: *La Artefacta*. Las fotos objeto son seis: *Eva.La letra, Eva.Los sueños, Eva.La fuerza (torso), Eva.La morada, Eva. La palabra, Eva.La mañana*.

Lo que sigue se propone reflexionar acerca de la ausencia de cuerpo en *Rapsodia Inconclusa* en contraposición con la sobreabundancia de cadáver en la historia de Eva Perón: las estrategias y manipulaciones de los políticos, los militares y los sindicalistas peronistas sobre el cuerpo enfermo y luego muerto de Eva en contraposición con la desmaterialización del cuerpo de una de las mujeres más amadas y más odiadas de la historia argentina, en la obra de Costantino. En estas operaciones sobre el cuerpo de otro, en este caso de una mujer en un medio absolutamente varonil, pueden apreciarse dos estrategias antagónicas: la del dominio y manipulación con una posterior fetichización de su cuerpo muerto y, por el otro lado, la del respeto y desplazamiento desfetichizador en la operación de Costantino.

I. *Eva embalsamada: el exceso de cadáver*

I.1. *El itinerario del cuerpo: abuso y fetichización*

Del cuerpo de Evita se ha hablado en exceso, del deterioro que el cáncer operó sobre su figura y también de la soledad y el aislamiento padecido durante su agonía[7]. El 26 de julio de 1952, a los 33 años, Eva

---

[6] En Buenos Aires, del 6 de marzo al 3 de mayo de 2015, la colección de Arte Amalia Lacroze de Fortabat expuso la obra con la curaduría de Fernando Farina y textos de María Laura Rosa y Florencio Noceti.

[7] "Le mentían sin cesar. El país entero celebraba misas por su salud, transmitidas por radio, pero desenchufaban el aparato para que ella no lo supiera. Y cada día le llevaban el diario, pero en edición expurgada donde no figuraban los boletines sobre su estado de salud. Ilusión y simulacro: Perón le había pedido a

Duarte muere por un cáncer de útero, pocos días después de haber terminado su último libro: *Mi mensaje*[8], una continuación de su primer libro *La razón de mi vida* (1951).

Antes de su muerte Juan Domingo Perón ya había hecho los arreglos con el Dr. Pedro Ara, un reconocido patólogo español, para proceder a su embalsamamiento. Incluso delante de Eva agonizante mantenían conversaciones sobre el proceder inmediato apenas expirase, algunos creen que la misma Eva habría oído esas indicaciones[9].

Eva que, a pesar de los engaños y falsas esperanzas de mejoría que su entorno prometía, conocía cuál era su final, había dado recomendaciones a su manicura, Sara Gatti (Ortiz 453) para que, en el momento del desenlace, cambiara su esmalte de uñas "demasiado rojo" por un brillo incoloro. El 27 de julio de 1952, al día siguiente de su fallecimiento, al amanecer, cuando la manicura llega a la Residencia, Pedro Ara ya había vuelto "definitivamente incorruptible" el cadáver de Evita, aunque su labor se extendería durante un año más. Es el momento en que su peluquero Pedro Alcaraz comienza a decolorar su cabellera y a peinarla con un rodete hecho de una larga trenza. La vistieron, como a una gran muñeca, con un sudario blanco y la cubrieron con una bandera argentina. Entre sus dedos colocaron un rosario que Pío XII le había regalado y la acostaron en un féretro con tapa de vidrio.

La CGT declaró tres días de paro y el gobierno estableció un duelo nacional por 30 días. Evita fue velada en la Secretaría de Trabajo y Previsión hasta el 9 de agosto; luego su cuerpo fue llevado al Congreso de la Nación para recibir sus honores y más tarde a la CGT.

Dos millones de personas siguieron la procesión y su paso por las calles se registra con una lluvia de claveles, orquídeas, crisantemos y rosas arrojados desde los balcones. Largas filas de trabajadores bajo la lluvia

---

Paco Jamandreu que le enseñara las telas más suntuosas y los modelos más originales diciéndole que pronto los podría lucir [...] Ella decía que sí con la cabeza, siguiendo el juego, creyendo y sin creer, demoliendo las mentiras piadosas con alusiones a su muerte y escudriñando las reacciones" (Ortiz 446-447).

[8] Fragmentos de *Mi mensaje* fueron leídos dos meses y medio después de su muerte en un acto en Plaza de Mayo ese mismo año. El libro permaneció inédito hasta 1987 en que el diario *La Nación* lo publicó.

[9] Alicia Dujovne Ortiz relata que una testigo había declarado: "En ese momento [Perón] ya tenía a sus colegialas y Evita lo sabía. Y hablaba en su presencia con Pedro Ara, pidiéndole detalles de lo que iría a hacerle, como si ella durmiera.' Ara, el médico español que momificó el cadáver de Evita" (449).

esperan para darle el último adiós, si bien también circulaban rumores acerca de que aquel que no asistía al ritual con su banda negra de duelo en el brazo era despedido de su puesto de trabajo.

El gobierno contrató a Edward Cronjagar, un camarógrafo de la 20th Century Fox, para que filmara los funerales de Evita -él ya había registrado con su cámara los funerales del mariscal Foch. Del material reunido se pudo producir el documental *Y la Argentina detuvo su corazón*; eran días en que las radios señalaban diariamente la hora de la muerte de Eva con el siguiente lema: "Son las 20:25, hora en que Eva Perón pasó a la inmortalidad".

Un largo itinerario comenzará para el cadáver cuando ocurre, el 16 de junio de 1955, el intento de golpe de Estado y Magnicidio contra el Presidente Juan Domingo Perón. La Casa Rosada, la Plaza de Mayo y el edificio de la CGT fueron bombardeados por disidentes de la Armada Argentina y la Fuerza Aérea. El intento fue sofocado por el Ejército de Tierra pero tres meses después, el 16 de septiembre, los tres Ejércitos concertaron una rebelión denominada "Revolución Libertadora", lo que provocó la dimisión de Perón y su huída. El saldo fueron 4.000 muertos. Mientras tanto el cuerpo de Evita continuaba en el edificio de la CGT aunque la situación nacional hacía temer que se produjera el asalto y la destrucción de la sede sindical.

Entre septiembre y noviembre de 1955 el Gral. Eduardo Lonardi asume como presidente provisional al tiempo que Perón inicia un largo exilio que terminará en España, pero el cuerpo de Eva quedará en el país y el Dr. Ara continuará velando por su obra. Lonardi amenaza con destruir el cuerpo de Eva frente al pedido de Perón de que se lo devuelvan. Cuando Lonardi es reemplazado por el Gral. Aramburu, éste ordena la desaparición del cadáver, tarea que le encarga al Cnel. Carlos de Moori Koenig, jefe del servicio de inteligencia del Ejército. La instrucción primera fue esconder el cuerpo y luego enterrarlo clandestinamente, pero como temía la ira de las masas prefirió no destruirlo.

El cuerpo momificado de Eva dentro de un cajón de embalaje sellado es escondido en un furgón de florería varios meses. Luego es trasladado a un depósito cerca del cuartel general del servicio de inteligencia del Ejército donde permanece un mes; entonces comienza un largo peregrinaje por media docena de depósitos y oficinas oficiales de Buenos Aires. Dos escondites peculiares merecen una mención aparte: el cine Rialto y la bohardilla de la casa del Mayor Arandia en el barrio de Saavedra (o Arancibia en la versión de Tomás Eloy Martínez).

El ataúd con el cuerpo fue escondido en el cine Rialto entre el 14 de diciembre de 1955 y el 20 de febrero de 1956, en el barrio de Palermo, sobre la Av. Córdoba 4283, detrás de la pantalla donde se proyectaban las películas. El dueño del cine era un oficial de inteligencia retirado, su operador era el Chino Astorga. En esos meses la hija pequeña de Astorga jugó con el cuerpo de Eva creyendo que se trataba de una gran muñeca a la que llamaba "Pupé", le pintaba los labios, le contaba los argumentos de las películas e incluso se ha quedado dormida sobre su falda en alguna oportunidad (Martínez 240).

El Dr. Ara era convocado en cada mudanza del cuerpo para revisar su estado y posible deterioro. La confidencialidad de su nombre y los repetidos traslados se debían a que los agentes peronistas no cesaban en la búsqueda del cadáver. Entre febrero y marzo de 1956, el cuerpo estuvo escondido en los depósitos militares de la calle Sucre 1835 hasta que finalmente terminó en el barrio de Saavedra, en la Av.Gral. Paz 542, en la bohardilla de la casa del Mayor Antonio Arandia (otras versiones indican que estaba en el ropero), el ayudante del Coronel Moori Koenig. Arandia formaba parte del Operativo Evasión, dormía con una pistola debajo de la almohada. Pero, una noche se despertó asustado por unos pasos que se acercaban a la puerta del baño y creyendo que venían a buscar el cuerpo, disparó dos veces contra la sombra y resultó que se trataba de su esposa embarazada.

Con la muerte de la esposa de Arandia, el Coronel decide el traslado del cadáver al cuarto piso del cuartel general del servicio de inteligencia, SIE, organismo dirigido por el mismo Moori Koenig, en la esquina de Callao y Viamonte. Allí, la ubicó en una caja que había contenido material radiofónico, y llevaba la inscripción *La voz de Córdoba*, hasta 1957. Se dice que oficiales alcoholizados llevaban mujeres a la oficina para mostrarles el cuerpo y que era costumbre del coronel exhibirlo. Hasta que un día el Coronel se lo mostró a María Luisa Bemberg, directora y guionista de cine, quien luego se lo comentó a un amigo que pertenecía a la Marina. Este hecho hizo que Aramburu le retirara la custodia del cuerpo a Moori Koenig y le encargara la tarea a Héctor Cabanillas, también de la SIE. La nueva orden fue darle cristiana sepultura.

El Teniente Gral.Lanusse con ayuda del Capellán "Paco" Rotger decide llevar a cabo la orden de traslado a Milán, Italia, con el apoyo de Giovanni Penco, superior de la orden de los Paulinos, quienes fueron los primeros evangelizadores de América. Para el operativo necesitaban el apoyo del Papa del momento, Pío XII, y lo consiguieron. El cuerpo, muchos se refieren a él como "la momia", se trasladó en barco y se enterró en el cementerio Mayor de Milán. Una laica consagrada de identidad desconocida le llevó flores durante aproximadamente quince años sin saber quién era. El seudónimo con el que fue enterrada fue Maria Maggi de Magistri.

En 1970, la Agrupación Montoneros captura a Aramburu y exige a cambio el cuerpo de Eva; como el intercambio no ocurre, acaban con la vida del General. Es Lanusse quien decide devolverle el cuerpo a Perón, exiliado en ese momento en Madrid. Perón declaró que se habían ensañado con el cuerpo y que su estado no era bueno, tenía la nariz destrozada, varios cortes, le faltaba un dedo de la mano, sus pies estaban cubiertos de brea, etc. Sin embargo, el Dr. Ara lo vio a las 24 hs y dijo que estaba intacto, lo contrario opinaron las hermanas de Eva que lo vieron muy deteriorado.

Domingo Isaac Tellechea fue nombrado su nuevo restaurador, era jefe de laboratorio de restauración del Museo de la Policía Federal Argentina, especialista en ceroplástica, modelado en cera. Cuando Perón vuelve al país no trae el cuerpo, y cuando muere, es su viuda y vicepresidenta, Isabelita, quien al tomar el poder ordena traerlo al país y lo conserva en la quinta de Olivos. Luego de ser derrocada Isabelita por un nuevo golpe de estado, el cuerpo es devuelto a la familia Duarte para ser ubicado en una cripta en el cementerio de Recoleta. Allí se encuentra hoy, a 8 metros de profundidad bajo gruesas placas de acero y con una cámara de vigilancia orientada en la entrada que registra a todos los visitantes que se detienen frente a la fachada del discreto panteón familiar.

I.2. *Del "hada rubia de los pobres" a santa Evita*

La mujer que en vida fue polémica, rebelde, autoritaria, amada y odiada, ya muerta se transformó en *Eso*. Este fue uno de los innumerables nombres y apodos que recibió el cadáver embalsamado de Eva. Muchas veces para evitar nombrarla y mantener la confidencialidad de su ubicación, se referían a ella como: *Esa mujer*, *Persona*, *Difunta*, *ED* (por Eva Duarte), *EM* (por Esa Mujer), *El Paquete*, *Señora*, *Santa*, etc. Todos, sin embargo, aluden al proceso de cosificación que se operó una vez muerta.

Si bien no puede afirmarse que Eva haya sido una militante feminista, encarnó un lugar aporético entre la sumisión a Perón y su carácter indomable. Pero una vez muerta, ya la decisión tomada por su marido (aunque algunos declaran que ella misma fue quien dio a entender el deseo de eternizarse junto con el Monumento proyectado en su honor y que quedó finalmente inconcluso) de transformarla en una momia da cuenta del proceso de fetichización al que fue sometida.

    El embalsamamiento fue, y aún hoy es, un método utilizado para preservar en la eternidad a numerosos líderes políticos, tal es el caso de V.Lenin (Rusia), Ho Chi Minh (Vietnam), Mao Zedong (Mao Tsé Tung, China), Kim Il Sung (Corea del Norte), Kim Jong Il (Hijo de Sung), Hugo R.Chávez (Venezuela). Desde esa perspectiva no debiera sorprender la voluntad de Perón, pero el cuerpo de Eva se transformó en un botín de guerra, en un objeto de deseo erótico, en una *cosa* a violentar y a reverenciar como el de una santa. La reificación de su cuerpo resulta efecto de una sustitución; se trata de la atribución de nuevas funciones a ese cadáver por sobre las que originalmente ya poseía. Esta operación produce una dualidad en el objeto, como si poseyera dos contenidos en uno: la nueva atribución esconde, pero no anula la original[10]. El carácter cósico lo adquiere en cuanto deja de ser los restos de Eva Duarte y ese cuerpo conquista un valor intrínseco que no poseía cuando estaba viva. Al exponerla a las multitudes, al mostrarla en secreto y clandestinamente, se le ha otorgado un *aura* que antes no poseía. En el gesto de exposición el cadáver ha conquistado una forma de sacralidad y por tanto se esperará que el espectador experimente una suerte de epifanía laica o religiosa. La fetichización, en ambos casos, siempre provoca una relación de amor y codicia del sujeto hacia el objeto y el caso de Eva no fue la excepción. Transformar el cuerpo de Evita en una momia fue la consolidación de una compleja operación de santificación del personaje político que después de su muerte ya se insinuaba como hada en varios manuales escolares.

    Para la construcción del mito de Eva confluyeron varios elementos, el principal: su vertiginoso ascenso, del anonimato al de Benefactora de los Humildes y Jefa Espiritual de la Nación en menos de cuatro años. Los que la detestaban la consideraban "ícono del peronismo analfabeto,

---

[10] Remo Guidieri señala: "Uno no se libera fácilmente del fetiche: sea mercancía, simulacro, ortopedia simbólica -objeto de culto-. ¿Cabe esperar vencer esta dificultad? Sería abolir realmente la ambigüedad que va con la supuesta abrogación de la función originaria del objeto" (71/2).

bárbaro y demagogo" (Martínez 184). También lo que sus contemporáneos consideraron como rasgos masculinos, para los códigos de la época, según Eloy Martínez: Eva "actuaba como un macho"; y para Ezequiel Martínez Estrada: "Todo lo que le faltaba a Perón o lo que poseía en grado rudimentario para llevar a cabo la conquista del país de arriba abajo, lo consumó ella o se lo hizo consumar a él. En ese sentido también era una ambiciosa irresponsable. En realidad, él era la mujer y ella el hombre" (Martínez 184). Tenía en esa época veintiocho años.

Un segundo elemento fue su temprana muerte a sus treinta y tres años, esto alimentó su mito tanto por lo que hizo en vida como por lo que se imagina que podría haber hecho si no hubiera muerto, evidencia esto lo que cantaban los guerrilleros de los setenta: "Si Evita viviera, sería montonera". Un tercer ingrediente es su actitud de redimir a todos los humildes, "fue el Robin Hood de los años cuarenta" (Martínez 186). Estas reacciones le valieron denigrantes apodos que aludían a su vida íntima, a su condición de "bataclana", "prostituta", etc. Además, colaboró a su construcción mítica su devoción por Perón y la falta de reciprocidad, se dice que Perón ha declarado "A Evita yo la hice… A Eva hay que verla como producto mío" (Martínez 189). La actitud de Eva de sacrificio y entrega devota a su marido la eleva moralmente.

Otro elemento que comenzó a operar ya en vida y se profundizó después de muerta fue su fetichización, la idea de que "tocar a Evita era tocar el cielo"; hay registros de que se le cortaron mechones de cabello al morir y que se vendían en joyerías de la calle Libertad, dentro de relicarios de plata y de oro así como la mancha de rouge que dejó en una copa de champagne en una velada de gala en el Teatro Colón que se conservó por años en el Museo del Colón, etc.

Los relatos sobre sus donaciones y regalos a los más necesitados han construido una narrativa oral de su generosidad como emisaria de la felicidad de los más pobres: la que precisaba una pierna ortopédica, el que debía hacer reparto y precisaba un camión, un ajuar para una novia humilde, todos testimonios en los que la donación ocurre en un día soleado, de primavera, sin nubes y ella se presenta como emisaria de la dicha, de allí que el agradecimiento sea infinito (Martínez 195).

La proyección de un Monumento que nunca se terminó de edificar y que sería la sede única y eterna de su cuerpo luego de su muerte, fue fundamental para la construcción de su mito. Este proyecto del Monumento al Descamisado, diseñado como el más alto y el más costoso para que "los peronistas se entusiasmen y desahoguen sus emociones eternamente" fue impulsado por la misma Eva que en su testamento declara su ilusión de eternidad allí proyectada. Todos estos elementos coadyuvaron a la construcción de Eva como una santa.

I.3. Evita estetizada

Cabe recordar también que en esta operación mítica de su figura ha colaborado la literatura argentina que la ha tenido como protagonista en varios casos. Vale recordar el cuento de Rodolfo Walsh "Esa mujer" (publicado en *Los oficios terrestres* en 1966) en el que lo sitúa como protagonista sin nombrarlo de forma directa al Coronel Moori Koenig y su extraña relación necrofílica con el cadáver embalsamado de Eva. Julio Cortázar en su novela *El examen* (1950) relata el avance de una multitud salvaje, una suerte de horda que adora a una mujer rubia y vestida de blanco. Alude a la figura de Eva aún con vida de afilados colmillos y uñas sedientas de sangre a la que los cabecitas negras consideran de una bondad insuperable y crea una tensión cercana al terror cuando convoca a la barbarie iletrada que la adora con devoción. Martínez Estrada sugiere que quizás ella, con su pasión y coraje impropios de una mujer, de seguro "le gustarían las hembras" y que "tendría la desvergüenza de las mujeres públicas en la cama [...]"[11]. En 1953, Juan Carlos Onetti escribe "Ella", describe el cadáver de Evita pudriéndose y lentamente tiñéndose de color verde. En el cuento "El simulacro" publicado en 1960 en *El hacedor*, Jorge L. Borges la refiere como parte de una mitología, una "crasa mitología" escribe. La historia apunta al simulacro que encarnó Evita para las multitudes, por esa razón la presenta como una "muñeca de pelo rubio" inscripta en una "época irreal" y venerada en todos los arrabales.

Una aproximación más *camp* es la que presenta Copi en *Eva Perón*; esta obra de teatro, que se estrenó en París en 1970, presenta a una Eva transexual que muestra su trasero y entrega su cuerpo para que la devoren: "Soy la Cristo del peronismo erótico" y declara: "Cojanmé como quieran". En el cuento "Evita vive", escrito en 1975, Néstor Perlongher construye su figura en continua transmutación y metamorfosis, en suma es "el

---

[11] La cita completa de Ezequiel Martínez Estrada es la que sigue: "Tendría (refiriéndose a Eva) la desvergüenza de las mujeres públicas en la cama, a las que

cadáver de la nación". Por último, cabe recordar la ópera rock que ha proyectado su nombre internacionalmente "Evita" de Tim Rice y Andrew Lloyd Webber, estrenada en 1978 en el barrio West End de Londres, y que en la versión norteamericana interpretó Madonna y pudo filmar en el mítico balcón de la Casa Rosada de Buenos Aires con la autorización del Presidente en ese momento, Carlos S. Menem. "No llores por mí Argentina" es la canción de Rice y Webber que representa un discurso de Eva a los descamisados al convertirse en Primera Dama en 1946 y que ha sido versionada por múltiples cantantes de todo el mundo entre las más renombradas: Madonna, Paloma San Basilio, Elena Roger, Julie Covington y Sinéad O'Connor, entre otras.

II. *Rapsodia Inconclusa de Nicola Costantino: la ausencia de cadáver*

Rapsodia Inconclusa evoca el cuerpo de Eva Duarte desde la ausencia misma del cadáver, operación radicalmente opuesta a la manipulación y reificación que los acontecimientos históricos testimonian. Nicola Costantino propone una lectura del personaje de Eva Duarte desde una perspectiva, si no a-política, sí pre-ideológica, pues queda atenta a los gestos sin profundizar en la carga espectral que los sostiene. La muestra intenta esquivar y eludir deliberadamente cualquier polémica histórica y política justificándose con la propuesta de mostrar a la persona más allá de la líder: ¿Maniobra ingenua la de Costantino o hábil estrategia?[12]

La de Costantino es una mirada sobre Evita pre-ideológica que se enfoca en una serie de gestos de la líder que no tienen un sentido ideológico concreto[13], como si hubiera podido liberar la figura de Eva de la

---

tanto les da refocilarse con un habitué del burdel como con una mascota doméstica u otra pupila de la casa" (198).

[12] En ocasión de la Bienal de Venecia, Costantino marcó sus diferencias respecto de la mirada de Evita que intentaba presentar con su obra frente a la perspectiva de la Presidencia de la Nación que había asociado una serie de videos de la vida de Eva a su obra y había propuesto el cambio de título por el de *Eva Argentina, una metáfora contemporánea*.

[13] Tomamos esta estrategia de lectura de los dichos que Slavoj Zizek expone sobre *Rammstein* (la banda musical alemana de metal industrial) y el nazismo en su documental *The Pervert's Guide To Ideology* (2006). Acusada de "coquetear" con la iconografía militar nazi, el autor opina que se trata de puros elementos investidos libidinalmente. El goce está condensado en algún tic básico, gestos que no tienen un sentido ideológico concreto. Lo que *Rammstein* hace es, "liberar estos elemen-

ideología justicialista y así suspender el significado peronista. La obra se enfoca en los signos, y en los pliegues sígnicos, sin atender a la interioridad de un sentido, sino más bien desplegando la profundidad de sus gestos hasta alcanzar incluso el extremo de la afirmación de su absoluta ausencia.

La propuesta es presentar la obra según tres ejes que se manifiestan como tres gestos en la figura de Eva: la debilidad, la fortaleza y la abundancia. Los dos primeros se contradicen y el tercero parece una instancia superadora que los contiene pero imperfectamente porque no clausura su sentido sino que lo deja pendiente en un intervalo irresoluble.

Tal debilidad se manifiesta en *Eva. La lluvia*. Inspirada en el duelo nacional que acompañó el deceso de Evita, por la sonoridad de las gotas que caen sobre la chapa y que evocan las lágrimas de desesperación y tristeza que enlutaron al país. *Eva. La lluvia* presenta una suerte de sala de cirugía, con antiguas luces, para realizar una operación quirúrgica que apuntan a una camilla en la que se amontonan lágrimas de agua solidificada. La instalación estetiza la enfermedad y la muerte; lo novedoso es que se logra desde la ausencia del cuerpo sufriente, desde el vacío material porque ahora sí, por fin, no hay cuerpo. Como si se tratara de una obra compensatoria y respetuosa del cuerpo del otro, no reproduce a Eva como una muñeca -eso la artista ya lo hizo consigo misma en su otra obra: *Trailer* y no terminó bien esa réplica- ni como maniquí ni tampoco expone fotos de la difunta. Recupera espectralmente su figura enferma sin estrategias macabras. Como si se tratara de un cuerpo compuesto de lágrimas peronistas en un día lluvioso de duelo nacional.

---

tos de su articulación nazi, permitiéndonos gozarlos en su estado pre-ideológico. La forma de combatir el nazismo es gozando de estos elementos, por ridículos que puedan parecer, suspendiendo el horizonte de significado nazi. De esta forma se mina al nazismo desde dentro".

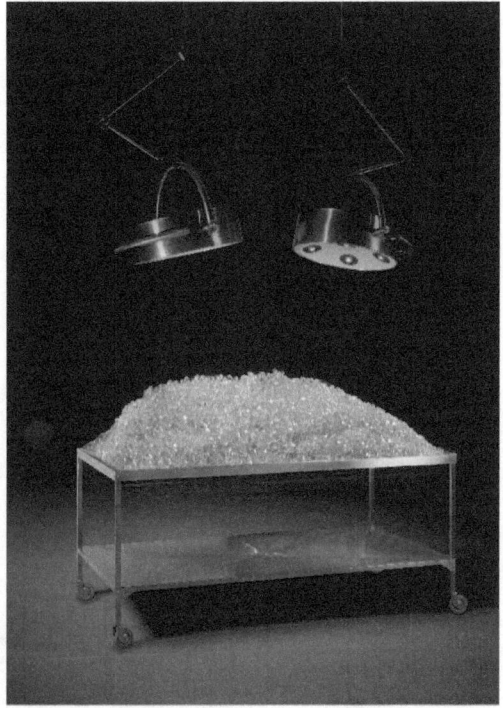

Figura 1. *Rapsodia Inconclusa, Eva. La lluvia*, 2013

La decisión de dejar vacante el lugar del cuerpo en la obra también puede leerse como el secreto y la vergüenza[14] de y por la manipulación de su cadáver, como si se tratara de un acto de reparación y solidaridad de género frente a la humillación padecida *post-mortem*. Cabe recordar el secreto del paradero de su cuerpo durante tantos años y la vergüenza por los vejámenes a los que se la sometió una vez momificada. Ranajit Guha observa que: "[…] cuando una mujer ha sido víctima, por tímida que resulte, llega a contemplarse como un objeto de la injusticia, ya ha comenzado a cumplir el papel de crítica del sistema que la victimiza. Y cualquier acción que derive de esa labor crítica contiene los elementos de una práctica de resistencia" (1995, 13). La de la instalación es una vacancia significante, porque es la puesta en escena de la vacancia, está todo dis-

---

[14] De secreto y vergüenza también habla Guha respecto del cuerpo grávido de Chandra, la actividad de las mujeres en el texto está envuelta en una atmósfera signada por el secreto y la vergüenza (si bien en el texto se trabaja el cuerpo femenino en función del embarazo y el aborto, cabe la conexión).

puesto para que se manifieste la falta de cuerpo, es casi un señalamiento ostensivo nada disimulado. Para que el silencio o la ausencia sean notados precisan de un marco que delate que es voluntad de la obra destacar ese vacío, que no se trata de un descuido o desinterés; por el contrario ese vacío se subraya y se propone como protagonista de la obra. Pero para lograr tal fin es necesaria una acertada y precisa puesta en escena de la ausencia, y los elementos que Costantino elige para enfatizar el vacío son de metales pesados, acero inoxidable, chapa, y hierro como también ocurre en *Eva. La Fuerza*.

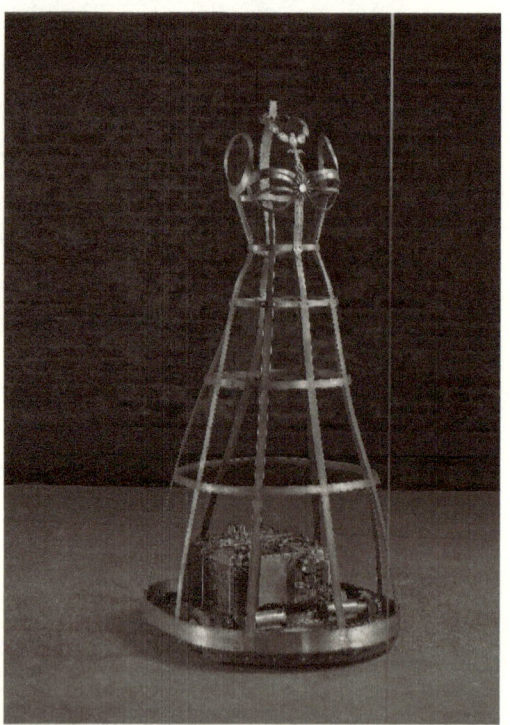

Figura 2. *Rapsodia Inconclusa, Eva. La Fuerza,* 2013

Eva. La Fuerza presenta una estructura de hierro que se dice que Eva habría usado debajo de su tapado de visón el 4 de junio de 1952 para sostener su cuerpo débil y moribundo. Fue su última aparición pública en ocasión del acto de asunción de Perón a su segunda presidencia. Eva acompaña a Perón en el cortejo público y desde el auto, ambos de pie, saludan a la multitud. *Eva. La Fuerza* recrea esa estructura pero con un motor que la impulsa; el motor mueve al maniquí metálico sin cuerpo y sin vestimenta hasta hacerlo chocar contra un zócalo del mismo material que dibuja la frontera que lo circunda. El sonido del choque y el leve rugir del motor es continuo en la muestra y se articula con el goteo incesante de las lágrimas de *Eva. La lluvia*. El ambiente que crea la muestra es algo macabro y bastante aterrador. *Eva. La Fuerza* evoca el cuerpo ausente a punto de morir, un cuerpo muy delgado y consumido por la enfermedad, pero también cierta reminiscencia de los cinturones de castidad. El cinturón de castidad equivocadamente se cree que fue usado en la Edad Media para asegurar la fidelidad de las mujeres cuando los hombres partían a luchar en las Cruzadas. En realidad, era utilizado por las mismas mujeres para evitar la violación en especial por enfermeras y religiosas que atendían heridos en los frentes de batalla, en épocas de acuartelamiento de soldados y también cuando debían pasar alguna noche en posadas. Este dato resignifica la estructura de hierro por el poderío y autonomía -no precisa que nadie la transporte ni la lleve porque se mueve a sí misma- que transmite el artefacto a la vez que remite desde su contrario a los abusos y violaciones que habría sufrido el cadáver embalsamado de Eva al no haber estado protegido íntimamente por nadie[15].

La manipulación obscena del cuerpo momificado de Evita, sus disparatados itinerarios, sus enamorados necrofílicos están registrados todos como individuos masculinos. Es significativo que tales perversiones -se dice que el Coronel Moori Koenig manoseaba y vejaba el cadáver de Eva a la vez que lo mostraba como trofeo a todos sus visitantes- encuentran un final cuando una mujer interviene y resulta la única que da a conocer con horror lo que se está haciendo con ese cadáver en plena dictadura militar, esa mujer fue María Luisa Bemberg. Fue ella una desprevenida visitante del Coronel que fue testigo del desparpajo del hombre y que con espanto se lo comentó a un amigo de su familia que a su vez era Jefe de la casa Militar, el capitán de navío Francisco Manrique, quien informó a Pe-

---

[15] Gustavo Nielsen en cambio asocia la estructura de hierro a un elemento de tortura: "Hace pensar en las jaulas de hierro florentinas de finales del siglo XVII o principios del XVIII utilizadas por los Signori della Giustizia, adonde colgaban a los reos para que sirvieran de escarnio público y picota. Los cadáveres eran rociados con resina de pino a fin de retrasar la descomposición y se los ataba con correas para impedir el desprendimiento de los miembros. Así dispuestos, se exponían durante largo tiempo para mantener a raya la moral pública" (Nielsen 2015)

dro E. Aramburu. El comentario de Bemberg acabó en lo que se llamó el "Operativo Traslado" y puso punto final a la custodia de Moori Koenig[16].

Cuando Costantino se dispone a tratar con la líder decide no representar su cuerpo sino presentar el vacío de cuerpo y, cuando se dispone a darle una imagen, ofrece la del propio cuerpo y así lo presenta en *Eva.Los sueños*. La ausencia y el silencio son relativas al lugar de la mujer en la política patriarcal;[17] como no hay voz propia lo que se manifiesta en la obra es la fortaleza de Eva y a la vez su sometimiento y debilidad.

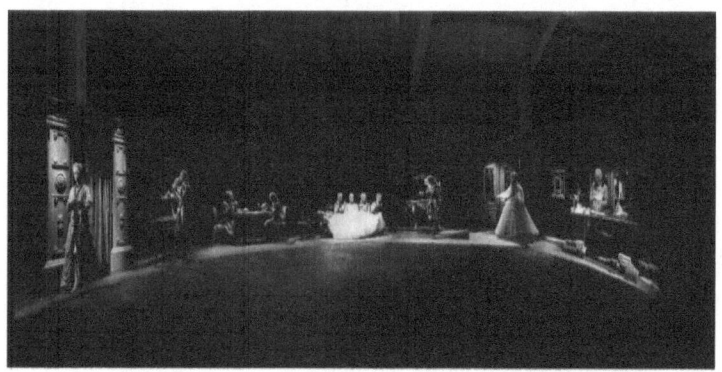

Figura 3. *Rapsodia Inconclusa, Eva. Los Sueños*, 2013

Ante la aparente contradicción entre la debilidad y la fortaleza, en *Eva.Los sueños*, prolifera la abundancia que no cancelará las anteriores posiciones. Nicola Costantino encarna a cinco Evas, entonces sí Eva se representa con un cuerpo pero no es el de ella y tampoco es un cuerpo presente. Es el cuerpo de la misma artista y en una proyección en video, es un *fake*. Una Eva oficinista, vestida con un *tailleur* y peinada con su prolijo rodete; una Eva vestida de fiesta con una copia del famoso vestido Dior

---

[16] Felipe Pigna escribe: "Enterado Aramburu del asunto, dispuso el relevo de Moori Koenig, su traslado a Comodoro Rivadavia y su reemplazo por el coronel Héctor Cabanillas, quien propuso sacar el cuerpo del país y organizar un "Operativo Traslado". Allí entró en la historia el futuro presidente de facto y entonces jefe del Regimiento de Granaderos a caballo, teniente coronel Alejandro Lanusse, quien pidió ayuda a su amigo, el capellán Francisco "Paco" Rotger. El plan consistía en trasladar el cuerpo a Italia y enterrarlo en un cementerio de Milán con nombre falso" (Pigna 2017).

[17] En "La muerte de Chandra", Ranajit Guha desarrolla el silencio y la ausencia de la voz femenina en la sociedad patriarcal. Chandra está ausente y su ausencia correponde al silencio pues es el varón el que tiene voz en el texto.

Del exceso a la ausencia de cuerpo

que usó para ir a la gala del Teatro Colón; una Eva con bata, como si recién se levantara, que toma un té; otra Eva que descansa; y otra que es más diurna, con vestido floreado y atareada con cuestiones domésticas. Todas ellas irán a sentarse en el sillón central de color rojo. La artista declara haberse inspirado en la Faustine de *La invención de Morel* de Adolfo Bioy Casares, en su holograma que se proyecta una y otra vez en la isla. Faustine y Eva están muertas y eternizadas en las sombras proyectadas en la pared, ontológicamente degradadas, opinaría Platón. El protagonista de Bioy, al enamorarse del holograma de Faustine, decide eternizarse incorporándose a la filmación, haciendo un montaje de su propia imagen y yuxtaponiéndola a la de Faustine y sus amigos, operación similar a la que ejecuta Eva-Nicola entre las otras Evas-Nicolas, todas y una sola.

Otra Eva de la abundancia es la que se despliega en *Eva. El espejo*, es la Eva de la intimidad, en su dormitorio, frente a su cómoda, con espejos enfrentados que multiplican su imagen. La incomodidad que siente el espectador al entrar en su cuarto es también aterradora, como si fuéramos a encontrarnos con el cuerpo de Eva acostado en su cama, provoca el deseo de mirar y no mirar a la vez.

No es de buena educación visitar los dormitorios del dueño de casa, uno no sabe con qué puede encontrarse porque nos enfrentamos a la sexualidad del anfitrión, es la puesta en escena del tabú y Eva, ya sabemos, era una santa. Y, sin embargo, es la escena que delata su coquetería y su vanidad; se proyectan en el espejo las imágenes de cómo se perfuma, cómo se peina, y cómo se maquilla pero tememos que se desnude delante de nosotros. Son Evas multiplicadas, clonadas, si bien es un tema ya transitado por Costantino en otras obras, como *Trailer* por ejemplo, aquí cobra otra significación. La Evita biográfica ha trascendido su propio cuerpo y ahora su figura ha acumulado una intensa sobrecarga ideológica, es la mujer ideal típica de las poéticas simbolistas y decadentistas y es a la vez la mujer fatal marcada con el halo del enigma indescifrable: el de "lo eterno femenino", construcción harto masculina.

De la figura de Eva podría decirse, salvando las distancias, lo que se ha dicho sobre *La Gioconda* de Leonardo Da Vinci, que ha terminado siendo tal como afirma José Jiménez: "una especie de espejo simbólico en el que mirarse y ver reflejados los deseos y ansiedades en un determinado momento de nuestra cultura"[18], es decir, un dispositivo mítico abierto.

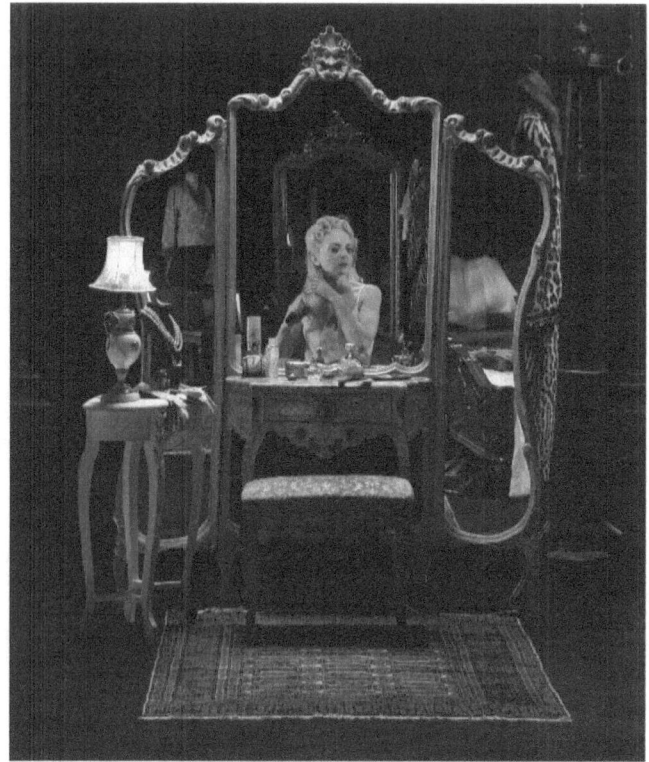

Figura 4. *Rapsodia Inconclusa, Eva. El Espejo*, 2013

---

[18] Jiménez en *Teoría del arte* (19), sostiene que *Retrato de dama* o *La Gioconda* de Leonardo Da Vinci (1503/6) es la obra más reproducida y por lo tanto la más conocida de todo el patrimonio artístico de Occidente. El autor realiza un análisis de la trayectoria y los avatares que sufrió el cuadro, su robo en 1911, su restitución, su uso en medios publicitarios, en postales, las imágenes de la Gioconda en faldas cortas, promocionando los avances en las telecomunicaciones, las versiones que de ella han hecho Duchamp, Malevich, Warhol, el análisis de Freud que alude a su carácter andrógino y a la posible homosexualidad de Leonardo y el misterio de cómo la tuvo guardada durante tres años debajo de su cama un mecánico italiano que la había robado del Museo del Louvre para restituirla a su país (17 a 35).

Del exceso a la ausencia de cuerpo

Consideraciones finales

La historia de Eva Duarte, aunque pueda considerarse plausible,[19] aún presenta lagunas de información, exclusiones, omisiones y deformaciones históricas, y se constituye como una narrativa de voces múltiples. Si Eva fue o no subalterna de su marido resulta bien polémico pero el poder de su nombre parece haber crecido *post-mortem*. Perón hace la historia cuando la embalsama y también cuando pierde la custodia de su cuerpo; ella, en vida tan protegida, queda una vez momificada sin resguardo, al arbitrio de enemigos poderosos y sus peripecias como catafalco mutan en martirologio.

Rapsodia Inconclusa pone en escena a partir de la ausencia de su cuerpo y simultáneamente la multiplicidad de Evas evocadas la indeterminación femenina. La mujer que se vivencia como "materialización de una negación" (Bürguer 335), como "nada". El varón se autoposiciona como sujeto del saber, la mujer no es un sujeto completo, se presenta desde la negatividad de la experiencia de la mera existencia, ésa es la experiencia de la multiplicación de Evas en los espejos; un camino directo a la disolución. A partir de la Edad Moderna y en especial con R. Descartes en el siglo XVII, el yo se constituye como sujeto del saber, con Michel de Montaigne como sujeto de la experiencia, operaciones que culminan en la determinación del yo como fundante y fundamento ontológico y gnoseológico. La mujer queda fuera de esa determinación, no se constituye como sujeto del saber, queda por fuera de la vida. Es esa desaparición la gran experiencia de las mujeres desde el comienzo de la Modernidad, por tanto quedan por fuera de la racionalidad que domina el campo de la subjetividad. Como consecuencia, por quedar fuera del discurso racional, sólo les resta la santidad, la desaparición o la mudez.

Embalsamar a Eva es la perfecta estrategia para convertirla en santa porque se concreta la anulación de ella como sujeto del saber y la instala en el campo de lo invisible y lo sobrenatural; Chakrabarty diría que ha quedado por fuera de lo Moderno, del lado de lo Medieval, instalada en una suerte de anacronismo contemporáneo. Momificar a Eva fue el acto que la constituyó definitivamente en no-sujeto, sólo así se le pueden apli-

---

[19] Es un término de Peter Novick, quien considera que la objetividad es inalcanzable en la historia y que a lo único que puede aspirar el historiador es a la

car dotes sobrenaturales a gusto y discreción de los sujetos de saber; colabora, claro está, que sea una *cosa* femenina.

El procedimiento de *Rapsodia Inconclusa* no escapa a tal operación, hace desaparecer el cuerpo, el objeto sobre el cual manipularon los sujetos del saber sus estrategias de poder pero, sin embargo, al no haber cuerpo, repite la estrategia de la santificación. La negación a representar el cuerpo de Eva, por razones éticas o por preservar cierto respeto a su figura, puede leerse como iconoclasia. La negación, la ausencia y hasta destrucción de imágenes sagradas también es una conducta religiosa, como su contrario, la idolatría. Si Eva se embalsamó para su eterna memoria y veneración, así también podría verse la muestra de Costantino, una misma intención pero en una relación de sujeto-objeto diferente. Desaparecido el objeto-ícono de idolatría, ahora queda la evocación del sujeto ausente en el mejor de los casos, en el caso de que Eva hubiera alcanzado el estatuto de sujeto. En caso contrario, queda la evocación del no-sujeto devenido objeto venerado, ahora en su multiplicación de espejos y espejismos, desparecido.

---

plausabilidad y esto no significa invención arbitraria de un relato histórico sino que entraña estrategias racionales para determinarse (Cf. Chakrabarty).

Bibliografía

Borges, Jorge Luis. (1960) "El simulacro". En: *Obras Completas*. Bs.As.: Emecé, 1974.
Bürguer, Christa."El lugar de la mujer". En: Christa Bürguer y Peter Bürguer. *La desaparición del sujeto*. Madrid:Akal, 1996.
Copi (1969). *Eva Perón*. Bs.As.: Adriana Hidalgo Ed., 2000.
Cortázar, Julio (1986). *El examen*. Bs.As.:Alfaguara, 2013.
Chakrabarty, Dipesh (1998). "Historias de las minorías, pasados subalternos". En *Revista Historia y Grafía*, año 6, N° 12, 1999.
Jiménez, José. *Teoría del arte*. Madrid: Tecnos/Alianza, 2002.
Dujovne Ortiz, Alicia. *Eva perón.La biografía*. Bs.As.:Ed.Punto de lectura, 2002.
Guha, Ranajit. "La muerte de Chandra". *Subaltern Studies V*. Nueva Delhi, Oxford University Press (1995). Disponible en: http://www.hemerotecadigital.unam.mx/ANUIES: 135-165.
Guidieri, Remo. *El museo y sus fetiches*. Madrid:Tecnos, 1997.
Lamborghini, Leónidas."Eva Perón en la hoguera". En: *Partitas*. Bs.As.: Edit.Biblioteca Nacional, 1972.
Martínez, Tomás Eloy. *Santa Evita*. Bs.As.: Planeta, 1995.
Nielsen, Gustavo . "Bajo la piel de Eva". En Suplemento "Radar" de Pagina 12, 15 de marzo, 2015.
Perlonguer, Néstor. *Eva vive y otros relatos*. Bs.As.: Santiago Arcos Ed, 2009.
Pigna, Felipe. "Secuestro y desaparición del cadáver de Eva Perón". En *El Historiador*, 30 de abril de 2017, ISSN 1851-5843.
Robert, Raquel R. (1953) *Mamá*. Libro de lectura inicial. Bs.As.: Ed.Kapelusz.
Rosa, María Laura. (2015) "Reflejos fugaces o de cómo construir un relato autobiográfico con la biografía ajena/Fleeting Reflections or How to Build an Autobiographical Story with Another Person's Biography" en *Rapsodia inconclusa. Nicola Costantino* (cat. expo.), Buenos Aires, Fundación Amalia Lacroze de Fortabat, pp. 52-63; 77 pp. en total.
Segato, Rita L. *La escritura en el cuerpo de las mujeres asesinadas en Ciudad Juárez: territorio, soberanía y crímenes de segundo estado*. Méjico: Universidad del Claustro de Sor Juana, 2006.
Sibilia, Paula. *El hombre postorgánico*. Bs.As: FCE, 2009.
Todorov, Tzvetan. *Los abusos de la memoria*. Barcelona: Paidós Ibérica, 2000.
Walsh, Rodolfo. "Esa mujer" en *Los oficios terrestres*. Bs.As.: Ed. De La Flor, 1986.

LA MIRADA MÉDICA Y EL CUERPO SUBVERSIVO
La enfermedad como posibilidad vital

Daniela Giménez

Noticia de la autora

Daniela Giménez se encuentra finalizando la Licenciatura y Profesorado en Letras en la Facultad de Filosofía y Letras (UBA). Se desempeña como docente de las asignaturas Lengua y Literatura en el nivel secundario de la Provincia de Buenos Aires. Desde 2017 forma parte del Proyecto de Reconocimiento Institucional (PRIG -FFyL/UBA): "Cuerpo presente. Enfermedad y muerte en la literatura y las artes visuales argentinas y latinoamericanas contemporáneas", dirigido por la Dra. Alicia Montes. Asimismo, integra el colectivo "Relatos Libertadores", que explora la conexión entre los discursos del pasado y los modos de recordar, también incluido como un Proyecto de Reconocimiento Institucional (PRIES - FFyL/UBA).

La mirada médica y el cuerpo subversivo

> Reivindico mi derecho a ser un monstruo
> ¡Que otros sean lo Normal!
> *Poemario Trans Pirado*, Susy Shock

Problemas sobre la mirada. Palabras que se contradicen y disputan acerca de la forma que toma un cuerpo; palabras que conceptualizan, que describen lo que ven o, más bien, *fundan* aquello que ven. Porque, al fin y al cabo, ¿qué vemos cuando vemos? Son sombras viscosas que toman relieve y forma bajo la luz de quien enfoca y mira. No hay órgano o resquicio de la carne que escape de su radio de visión: esgrime límites, dibuja colores y opacidades, traza fronteras. En el instante mismo en que el ojo observa con beneplácito el cuerpo coherente, sólido, sano y, por supuesto, productivo, entorna la mirada de una manera más densa y penetrante sobre aquella materialidad que presenta un punto negro, una nebulosa, o una suerte de anomalía esencial. Lo diferente, lo enfermo, la carne tóxica, no son sino construidos y delimitados con trazos de hierro por el mismo ojo que mira desde los parámetros de lo normal y de la legibilidad. No sólo categoriza de manera negativa sino que también asigna espacios, lazos, modos de vida -o formas de muerte-, tipos de identidad.

El cuerpo que presenta llagas, secuelas, adelgazamiento excesivo o palidez se vuelve un transmisor de alarmas que denotan peligro, o por lo menos, un potencial peligro: la enfermedad, desde las pestes medievales hasta nuestros días, emerge como un símbolo de algo más, de otro orden diferente al únicamente corporal o biológico. Desde la mirada divina, como consecuencia de un pecado mortal, o desde la mirada secular, como modo de habitar la alteridad, se divisa en el cuerpo enfermo un sustrato, una suma exponencial de significados que rebasan los meros síntomas o dolores concretos. Sobre el estatuto físico y moral del enfermo, de los comportamientos y hábitos generales de la sociedad en su conjunto, de los imaginarios de lo exótico, lo extraño y lo catastrófico, la enfermedad siempre da cuenta de un desvío o un hiato irreconciliable entre el que la porta y un cuerpo saludable. Por ende, no importa la referencia identitaria de ese cuerpo, sólo sobresale la mácula -alerta de un futuro peligro-, que queda expuesta y visible para que el ojo observador, que se pronuncia desde los discursos médicos, jurídicos, psiquiátricos (como propagadores de los límites entre lo normal y lo anormal), construya modelos, estigmas, modos de lo enfermo o del peligro para la salubridad pública. La mirada opera, entonces, inspeccionando la corporalidad para volverla inteligible y ubicarla en el binario sano/enfermo, saludable/putrefacto, normal/anormal. Sin embargo, cabe preguntarnos: ¿qué sucede con esos cuerpos que llevan sobre sí una doble violación, esto es, cuerpos indescifrables en su género y, a la vez, cuerpos infectos?, ¿cómo se perciben los cuerpos que, enfermos e incoherentes, se desprenden de la etiqueta -otorgada por el ojo médico, jurídico, psiquiátrico- de lo sufriente o lo infecto?

De repente, retumba una campanada que rompe con el unísono de un camino desértico; tan fuerte es el impacto que su mensaje no puede sino ser una advertencia. Detrás de ese sonido, vemos deambular a un leproso de la Edad Media que, como castigo por el estigma que habita en su cuerpo, está obligado a advertir al resto de sus conciudadanos sobre el peligro que trae sobre sí. Es la condición única para que este leproso -nadie sabe quién, ni cómo, ni cuándo, sólo conocemos su estatuto de enfermo- pueda reestablecer un mínimo de contacto con su comunidad. La mirada, que configura hábitos, formas y modos de vida de la enfermedad, lo torna, de inmediato, transparente; y por lo tanto, su propio cuerpo funciona como una advertencia. Al mismo tiempo, al contemplar la escena de *El triunfo de la muerte*, de Pieter Brueghel el Viejo, un eco colectivo nos trae los gritos ahogados desde el caos y el paso catastrófico de la peste negra sobre la población europea. La muerte es la protagonista: cadáveres, cuerpos mutilados, piernas y brazos anónimos, humo de un fuego que no purifica sino que arrasa. Muerte y enfermedad se unen por primera vez, según Le Goff, en la experiencia de la peste en el Medioevo. Muerte y enfermedad como construcción cristalizada, cuerpos dolientes y excluidos, anonimato y resignación son algunas de las nociones que percibimos tanto en el leproso como en la muerte colectiva.

Sin embargo, nuestro derrotero cruza una frontera más además de la enfermedad: es el cuerpo que se ubica no sólo por fuera del plano de lo sano -como el leproso medieval-, sino también, de lo genérico y la sexualidad heteronormativa. Víctimas de la enfermedad maldita, del SIDA jamás mencionado, en "Salón de belleza", del mexicano Mario Bellatin, se oyen débiles gemidos que nunca se transforman en auténticos pedidos de auxilio o de apoyo. Es que estos "huéspedes" se saben en la recta final. El "Moridero" no acepta metáforas o sentidos figurados: es, sin más, aquel lugar destinado para hombres -siempre hombres- que están próximos a morir, debido a la enfermedad malvada. Frente a los tibios gritos del "Moridero", escuchamos un sonido más punzante y mordaz: son las *locas chilenas* -de las crónicas y de las *performances* de Pedro Lemebel- que, mediante el taconeo firme sobre el suelo, nos confunden y seducen al mismo tiempo. Entre la invitación y el rechazo, rechinan los zapatos y lentejuelas de las locas que, al abrigo confuso de la noche, zigzaguean oscilantes, indescifrables, ambiguas. Si el "Moridero" protege a aquellos cuerpos, víctimas del mal, que prefieren una muerte inmediata antes que la deriva del asfalto o la violencia del hospital, las locas emergen con toda su excepcional vitalidad, incluso, con las marcas de lo enfermo como reivindicación. Llegados a este punto, cabe preguntarnos: ¿existen posibilidades de escabullirse por los límites o espacios huecos de la mirada que establece lo sano y lo enfermo, lo bello y lo abominable? ¿De qué modo se puede apropiar un cuerpo de su propio estigma, que lo ubica en el espacio de la corrupción, del peligro del contagio, de la muerte inminente? ¿Es posible poetizar el SIDA?

1. *De la mirada médica y su circuncisión: construyendo organismos*

Entonces, ubicados en el doble desvío -el cuerpo travesti y el cuerpo enfermo- veamos cómo se construye esa mirada normativa que delimita de forma precisa y cerrada los espacios de la salud y de la enfermedad, de lo vital y de lo mortuorio. En *El nacimiento de la clínica*, Foucault propone que el quiebre entre la medicina de la Edad Media y la clínica moderna no se restringe únicamente a la visibilidad o invisibilidad. Esto es, no es que los médicos medievales fueran ciegos al cuerpo, a los síntomas o a los dolores. Se trata de una nueva metodología, de un nuevo reparto de lo visible/ invisible, de la configuración de nuevas palabras que, al fin y al cabo, pueden nombrar, describir y especificar de otro modo aquello que contemplan. En suma, hay otro tipo de concepción ontológica de lo humano: el cuerpo se transforma en un objeto de conocimiento y, por ende, la medicina indaga de forma minuciosa la relación entre el cuerpo y la enfermedad, los síntomas y sus efectos, la muerte y sus causas. La clave reside, entonces, en el modo de ver: la mirada deja de ser descriptiva para volverse fundante, pues, a partir de entonces, *ver es saber*. Consecuentemente, hay un mapeo de la corporalidad, una identificación del estado saludable o enfermo y una creciente incidencia de la medicina sobre el cuerpo social y su vida cotidiana. Sobre todo en el transcurso del siglo XIX, en el que la medicina y el discurso clínico se vuelven una fuerza indisoluble en la consolidación del estado-nación: el ejercicio del médico comienza a regir, deliberadamente, la vida del hombre y a identificar ciertos hábitos o estilos de vida como saludables o peligrosos.

Remontándonos al ejercicio médico previo al siglo XVIII, Le Goff explica que el cuerpo medieval no tuvo un papel protagónico sino en un lazo intrínseco con el alma, pues no hay interpretación posible de los acontecimientos que atañen a la corporalidad sin la inmediata remisión a una explicación espiritual. El médico del cuerpo medieval es el sacerdote: la lepra se lee como consecuencia de un pecado de lujuria, la peste, que azotaba a grandes porciones de población, como sanción a una falta espiritual colectiva. A partir de la emergencia de una mirada más secularizada en el Renacimiento, la salubridad se construye como la armonía entre los cuatro elementos constitutivos del cuerpo: fuego, tierra, aire y agua. La alteración o irrupción de esta convivencia de elementos origina la enfermedad; desde aquí, el paciente es aquel que presenta un desequilibrio en su propio cuerpo o en relación con los eventos astrológicos. Si bien la práctica de la autopsia con cadáveres ya está generalizada, Le Goff apunta que se busca constatar un conocimiento ya adquirido -"libresco"- más que develar otro diferente.

Entonces, sabemos que es la mirada clínica la que, a partir del siglo XVIII, funda un mapeo particular sobre el cuerpo y las consecuentes coordenadas de lo sano, relacionado con la productividad de la vida y su desarrollo dentro de los parámetros normativos, y lo enfermo, vinculado al cuerpo del peligro, a lo no humano, a lo perverso. Foucault nos dice que la mirada clínica no es una "dióptrica del cuerpo" (126), esto es, el acto de observar no es sino total porque no hay hiato posible que separe al ojo de la cosa vista. Por lo tanto, la mirada intenta conceptualizar no sólo los cuerpos traslúcidos y coherentes, como el modo de vida deseable y pertinente, sino también los desvíos, los excesos de la norma, en relación a lo otro, lo extraño, lo informe. No obstante, los cuerpos de los huéspedes y de las locas -aunque con sus diferencias y estrategias específicas- se vuelven refractarios respecto de la mirada médica. La luz del ojo médico se desliza sin poder penetrar en esa materialidad, doblemente desviada, imposible de tornarla traslúcida. Veremos que, por medio de un deliberado ocultamiento o una decidida sobreexposición de esos cuerpos transexuales, homosexuales y sidosos, la mirada médica queda ciega ante la opacidad o el exceso de luz: ya no es total. Entre las nociones de lo enfermo, de lo ambiguo y de lo paciente, se abren nuevos vestigios de significación.

El "Moridero", foco infeccioso, maligno y corrupto, permanece oculto para la mirada que desea penetrar aquellos cuerpos que esconde: no hay intervenciones de la comunidad de vecinos, de la policía, de los médicos, de las organizaciones eclesiásticas o no gubernamentales. Incluso, no hay posibilidad alguna de percibir o describir el desarrollo de la enfermedad, ni el modo en que llegan allí los huéspedes, ni los estragos -o hábitos peligrosos- que los llevó a contraer el mal. En las escenas en donde el narrador se traviste, la imagen se narra de un modo fugaz y delimitado: las palabras no abundan para nombrar el momento de la transformación -de la identidad masculina a la femenina-. No hay contacto ni escenas eróticas, ya que, una vez guardadas las evidencias de la transformación en el pequeño maletín, el relato se suspende y cambia. Del mismo modo, ante las primeras secuelas del mal sobre su cuerpo, el narrador de Bellatin intenta, en un primer momento, ignorarlas o hacer caso omiso de ellas. Pero los sentidos de la corrupción, del desvío y de lo anormal que brotan de aquellas heridas, serán la llave que lo lleve a un apartamiento total de la vida pública:

> Logré resignarme y traté de lucir las llagas con orgullo. Noté algunas reacciones, principalmente entre los familiares de los huéspedes que llegaban hasta el salón. Se trataba de un primer impacto, que luego disimulaban creyendo seguramente que yo no me daba cuenta. Esta nueva condición de mi cuerpo me sirvió para retirarme definitivamente de la vida pública. (31)

Frente a los ojos de la mirada pública, aquella que condena, que esgrime una mueca de repulsión y alerta ante las marcas del cuerpo enfermo, el narrador prefiere, de forma deliberada, ocultarse y protegerse en su propio "Moridero". Este espacio, antes destinado al esplendor y la belleza, ahora es el resguardo de las injurias, de la violencia y de la denuncia pública ante la mácula que detenta una presunta vida perversa y desviada.

Por otra parte, ante el ocultamiento del "Moridero", surge la sobrevisibilización de la enfermedad en las *performances* e intervenciones del colectivo *Yeguas del apocalipsis*, liderado por los chilenos Pedro Lemebel y Francisco Casas. Se trata de poner de relieve el flagelo del SIDA y romper, de este modo, el letargo social y la mirada ciega frente a estos cuerpos. En "Lo que el sida se llevó", conjunto de fotografías expuestas en 1989, Lemebel y Casas posan con finos atuendos y plumas -pertenecientes a compañeras ya fallecidas- que contrastan con el gesto débil, adelgazado y desolado de la enfermedad sobre sus cuerpos. Aún menos glamurosos y más enfáticos en la calamidad de los efectos del SIDA, '"Cuerpos contingentes" de 1990", es la irrupción del colectivo en espacios artísticos y culturales, en donde se quiebra la armonía y la indiferencia político-social con la híper visibilidad del cuerpo marcado por la enfermedad. Una vez más, ante la desidia estatal y el silenciamiento público -aquel que obliga al narrador de "Salón de belleza" a permanecer oculto- las *performances* no funcionan tanto como una exposición reivindicativa de lo enfermo -a diferencia de las crónicas, como veremos más adelante- sino como una denuncia, una visibilidad de aquellos cuerpos abandonados y desechables.

La irrupción de los cuerpos enfermos en la vida pública -en las *performances*- como el ocultamiento de los mismos -en el "Moridero"- pone de relieve la tensión entre la mirada médica y normativa y los cuerpos que se ubican en un exterior, un espacio fronterizo entre lo normal y lo anormal, lo visible y lo invisible, lo coherente y lo desviado. Pues, ante la materialidad de las locas o los huéspedes, ver ya no es saber, como principio central de la clínica a partir del siglo XVIII. Por opacidad o claridad excesiva, el ojo médico ya no puede fundar ni cartografiar el cuerpo ni hallar un objeto de estudio posible de ser inspeccionado. En el gesto de volver innombrable al SIDA o, a la inversa, de ponerlo de relieve de forma abrupta, la mirada clínica queda ciega ante el cuerpo del peligro.

1.1. *La enfermedad y la proliferación de sentidos*

Como aquella herida que expulsa de la vida pública, de una vez y para siempre, al narrador del "Moridero", las marcas y estigmas de la enfermedad sobre el cuerpo son más que simples síntomas o secuelas: sobrevuelan sentidos-*otros* que desbordan las explicaciones estrictamente biológicas. Sontag propone que, si bien la mirada médica funda un orden a partir de la visibilidad y la racionalidad aplicado hacia el examen del cuerpo, no queda exenta de alegorías y metáforas que se relacionan con las condiciones ideológicas de una época determinada. Estas significaciones rondan desde las interpretaciones medievales de pensar lo enfermo como violación a una ley divina, hacia la proliferación de las metáforas bélicas en la Modernidad para referirse a la enfermedad, en donde se enlazan palabras como virus y bacterias con invasión, enemigo externo, ataque. En el caso del SIDA -y agravado por el contagio vía fluidos sanguíneos o sexuales-, la enfermedad supone, en primera instancia, un extravío de carácter moral: el enfermo lleva sobre sí la sospecha de ciertas prácticas presuntamente peligrosas y contagiosas, como la homosexualidad, la sexualidad no monógama, el uso de ciertas drogas inyectables, que lo conducen a la segregación laboral, familiar y de la sociedad en su conjunto. Incluso, según Sontag, el SIDA también se configura como la peste medieval que viene a escarmentar y corregir, en la contemporaneidad, ciertos hábitos contrahegemónicos: hay una "licenciosidad general" (161) que atañe no sólo al cuerpo individual sino al social. Por ende, de allí se comprende el funcionamiento de estas metáforas según las condiciones ideológicas de cada época, ya que, en el trascurso del siglo XX, la relación entre la enfermedad y el discurso bélico será indisoluble. Hay un imaginario -que toma la forma de un virus- de lo otro, de lo extraño y lo exótico que irrumpe en la cadencia social y corrompe, mediante la enfermedad, a la población saludable. La metáfora del SIDA como peste que proviene de lo extranjero habilita las medidas xenófobas y restrictivas en materia de controles migratorios, estigmatización de ciertos grupos sociales, la configuración del enemigo racial, etcétera.

Las imágenes de la catástrofe, propias de la peste, proporcionan el miedo a lo extraño y encauzan los imaginarios del peligro y de la destrucción del orden dado. Dice Sontag: "[l]a epidemia de sida sirve como una proyección ideal para la paranoia política del Primer mundo. El llamado virus del sida no solo es la quintaesencia del invasor del Tercer Mundo, sino que equivale a cualquier amenaza mitológica" (171). Al igual que la peste negra en la Edad Media, el SIDA también se consolida como un quiebre en las expectativas de la medicina moderna, las enfermedades y la sexualidad. Si el discurso médico ofrecía garantías suficientes para proponer, en los años setenta, la libertad -desde la óptica capitalista, ligada al desarrollo individual y el consumo- relacionada con la sexualidad, el SIDA como metáfora de la peste deshabilita las certezas y construye las prácticas sexuales como un espacio de peligro, en donde lo que no es mesurado se vuelve, inmediatamente, promiscuo y letal. Incluso, el carácter destructivo de la peste es total porque abarca a la sociedad en su conjunto: por ende, la vigilancia no se limita a las prácticas individuales sino colectivas. Si, entonces, contraer SIDA habla mucho más que de ciertas deficiencias corporales, hay algo de un resto, de un exceso de significado que viaja del plano meramente biológico al normativo o moral, y que construye imaginarios, hábitos, identidades.

En el "Moridero", espacio que separa de manera precisa un adentro y un afuera, ya no es un lugar para la belleza sino para albergar la muerte. Situado, asimismo, en las afueras de la ciudad -las clientas del antiguo salón debían caminar un extenso tramo para llegar-, podemos compararlo con los leprosarios medievales, lugar en donde los enfermos -para resarcir sus pecados- se mantienen alejados de la comunidad para evitar riesgos y contagios

(Le Goff 60). Si bien el refugio de los huéspedes queda alejado de la ciudad, no funciona, estrictamente, como un espacio de escarmiento o castigo. Más bien, el "Moridero" se desempeña como el espacio de la protección y cuidado de esos cuerpos: antes que extender la vida -y los sufrimientos- a fuerza de paliativos o una camilla de hospital, es preferible una muerte rápida y eficaz. El amparo que ofrece el "Moridero" no se reduce a los cuerpos, también se extiende hacia la identidad de sus huéspedes: nada sabemos acerca de ellos ni de cómo se contagiaron. No hay referencia, nombres, orígenes o historias: sólo cuerpos destinados a la muerte. Del mismo modo que conocemos de soslayo las escenas de travestismo del narrador -del cual tampoco sabemos su nombre-, así también percibimos a los huéspedes: únicamente, en el momento en que aparecen en el umbral del antiguo salón de belleza, en busca de auxilio.

Frente a la mirada oblicua y sesgada que construye el "Moridero", en donde no hay una pormenorización individual o identitaria, el *ghetto* coliza, como espacio de circulación de las locas, establece sobre sí una mirada penetrante, minimalista de sus aventuras amorosas, de las transformaciones y dolores de la enfermedad. Si en el cuento de Bellatin no hay rituales fúnebres para los cuerpos, sino un descarte en una fosa común, las locas amigas de Loba Lamar -crónica de *Loco afán*- no dejan que la muerte imprima una mueca desagradable sobre el rostro de su amiga. Maquillajes, uñas esculpidas, pañuelos, todo es menester para el embellecimiento de ese cuerpo: la Loba -bonita como era en vida- se despide del mundo terrenal como una diva. Si en "Salón de belleza" el único cuerpo que recibe la excepcionalidad de un velatorio y un sepulcro es para aquel muchacho que alguna vez el narrador amó, los rituales funerarios de las locas se mezclan entre la tristeza y el carnaval, entre el luto y los colores. Así, el cortejo fúnebre que despide a la Chumilou -en "La noche de los visones (o la última fiesta de la Unidad Popular)" (2000)- coincide con la festividad y regocijo de la jornada en que retorna la democracia en Chile. De un extremo al otro, del "Moridero" al *ghetto* coliza, percibimos nuevas posibilidades para la enfermedad: desde una mirada cautelosa y precavida, hacia una configuración detallista y extravagante, las metáforas del cuerpo del peligro y del contagio quedan suspendidas.

La mirada médica y el cuerpo subversivo

2. *De la mirada subversiva y su amplitud: destruyendo organismos*

Como vimos, en el cuerpo sidoso de los huéspedes y de las locas sobrevuelan sentidos-otros que niegan o subvierten la noción del enfermo según el paradigma médico, pero también el jurídico, el moral, el religioso: cuerpos indefinidos que no detentan identidad ni género establecido, cuerpos perversos que habitan prácticas desviadas, cuerpos del pecado. Sin embargo, esos "sentidos-otros" que emergen de esa materialidad se desentienden de estas etiquetas y ya no se presentan transparentes para la mirada normativa. ¿Existen posibilidades de identificar el cuerpo enfermo por fuera de los límites del paciente, del doliente que sufre y espera, de modo más o menos convincente, la muerte? En el cuento de Bellatin, como mencionamos anteriormente, los cuerpos son el extremo de la no-identificación: aparecen como materialidad misma, a los que se les asegura una vitalidad mínima en pos de la muerte inminente. Frente a la paradójica proliferación de tipos de peces, colores, tamaños, hábitos e incluso anécdotas -quiénes nacen o mueren, quiénes necesitan agua cálida o un tipo específico de alimento-, el cuerpo de los huéspedes es monocromático y carente de referencialidad. Entre el dormir, el delirio, el dolor y una sopa de almuerzo -única comida del día-, los habitantes del antiguo salón se desentienden de remedios, tratamientos o camillas de hospital. Por ende, el narrador, que actúa desde la empatía y la melancolía por un pasado de esplendor y vitalidad, construye una comunidad que él mismo lidera; aunque no desde la esperanza por la vida, sino proporcionando el suministro básico para una muerte urgente. En palabras del narrador: "[n]o me conmovía la muerte como muerte. Lo único que buscaba evitar era que esas personas perecieran como perros en medio de la calle, o abandonados por los hospitales del Estado" (26-27). El "Moridero", por lo tanto, no es un espacio análogo a un recinto médico o religioso, en donde albergar la esperanza de recuperación para un enfermo de SIDA. Más bien, es una residencia pasajera para hombres que, en semanas o meses, estarán partiendo hacia otro lugar.

En este sentido, la subversión de la enfermedad también merodea por el *ghetto* prostibulario de las locas. En los recónditos escondites del barrio chileno, su cuerpo enfermo y marginal estalla la categoría identitaria binaria (hombre o mujer), imprimiendo sobre sí un rastro de seducción, erotismo y rechazo. En la crónica "Los mil nombres de María Camaleón" (2000), así como hay sobrenombres sugestivos, como "La Fácil De Amar" o "La Chupadora Oficial" (58), el juego con el nombre es un espacio de resistencia y carcajadas frente a la degradación y la sombra del SIDA: "[d]e esto nadie escapa, menos las hermanas sidadas que también se catalogan en un listado paralelo que requiere triple inventiva para mantener el antídoto del humor, el eterno buen ánimo, la talla sobre la marcha que no permite al virus opacar su siempre viva sonrisa" (56). El gesto del artificio de la identidad -frente a la establecida de una vez y para siempre- tiene esa doble valencia de lo cínico, de la risa amarga que surge del listado de nombres posibles: "[l]a Insecti- Sida, la Depre- Sida, la Ven-sida" (59). El plano identitario, entonces, también aboga la construcción de la parodia: burla y oscilación no sólo en relación con el género y la sexualidad, sino también en la condición de enfermo, de doliente, de la degradación y la muerte en manos del SIDA. La contrapartida de las locas chilenas se posiciona, entonces, en extender la vida hasta los últimos suspiros y mantener, hasta el límite posible, la ambigüedad, la provocación y el desprecio. En cambio, en el "Moridero" la identidad de los cuerpos es anónima y no tienen ninguna relevancia, pues este espacio funciona como amparo de las humillaciones en la vida pública, las golpizas, el hostigamiento hospitalario o las vanidades de la caridad.

 Entonces, se abre un camino alternativo para pensar las posibilidades y potencias de un cuerpo enfermo, como vía para subvertir los parámetros de lo normal/anormal, irrumpir en la productividad de un cuerpo coherente y legible, escamotear las imágenes de lo saludable y, sobre todo, ampliar los límites y fronteras de lo humano. Preciado, en el *Manifiesto contra-sexual,* apela a la desorganización deliberada de los cuerpos y a la ruptura con los paradigmas de inteligibilidad genérica -hombre o mujer heterosexuales-. El cuerpo no se concibe desde una lógica propia natural o innata, sino que es producto de tecnologías socio-políticas que lo "corporalizan" según el molde heteronormativo, de la reproducción, de los fines productivos de la ideología imperante. Entonces, todo cuerpo es "post-operatorio", pues desde el nacimiento mismo, desde la nominalización como "niño" o "niña", está intervenido y delineado por dichas tecnologías. Por ende, toda palabra referida a la corporalidad es "prostética" (105), es decir, delimita y traza los espacios del cuerpo, lo achica o agranda, lo ubica en el espacio de lo sano o lo enfermo; en fin, lo define. En efecto, Preciado propone una reivindicación hacia aquella materialidad que está en constante fuga respecto de la norma, que zigzaguea entre etiquetas, que no se sabe bien qué es, para qué sirve, cómo se mueve, qué esperar de ella. El caso de los cuerpos *intersex* y la mirada médica resulta un ejemplo de provecho: si todo cuerpo ya es, *a priori,* "post-operatorio" -es decir, intervenido y delineado por ciertas tecnologías socio-políticas- ¿cómo opera la mirada médica sobre un cuerpo anatómicamente ambiguo? De manera quirúrgica y violenta, el ojo de la medicina injiere sobre él para tornarlo coherente dentro del modelo binario de lo femenino o lo masculino. Sin embargo, existe una contrapartida de esos niños -en el presente, ya adultos- sobre la potencia de la experiencia de vida con un género y un cuerpo anfibológico. En este sentido: ¿qué tipo de movimiento y potencia vital tiene el SIDA para las locas y los huéspedes? ¿Hay posibilidades de pensar el cuerpo enfermo desde otra perspectiva que no sea la decrepitud o la línea recta en sentido hacia la muerte?

Entre la vida y la muerte en la enfermedad, irrumpe el cuerpo sidoso y decrépito de Loba Lamar, en sus últimas horas de existencia. En el extremo de lo absurdo, el punto de quiebre que marca la muerte de Loba es el "dar a luz", el parto de "algo" que engendró en su cuerpo. Muere con un gesto insólito, "como si la enfermedad en su holocausto se hubiera convertido en preñez de luto, invirtiendo muerte por vida, agonía por gestación. El sida, para la loba trastornada, se había transformado en promesa de vida, imaginándose portadora de un bebe incubado en su ano por el semen fatal de ese amor perdido" (2000, 43-44). De allí, estas inversiones de resistencia: así como el huésped se desentiende de los antibióticos y prácticas médicas, que le prometen algunas horas más de vitalidad y de sufrimiento, el parto de la loca no sólo aúna el momento de la vida y de la muerte de manera absurda, sino que también explora la posibilidad de la gestación en un cuerpo trans, producto de relaciones homosexuales. Este gesto contrario a la perspectiva de un cuerpo coherente y cerrado también tiene la fuerza de lo prostético, como apunta Preciado, configurando un cuerpo alternativo que se desentiende de los rituales para cuidar la vida -como la medicina o la religión-, se aleja de una identidad cristalizada -jugando con la potencia, entre risa y dolor, de los nombres o el anonimato-, y propone la posibilidad de la gestación en un cuerpo trans, sidoso y moribundo.

En otra de las crónicas, reformulando la apariencia y hasta el idioma, con sus "Mister, lovmi plis", la Madonna mapuche (2000) -disfraz chileno de la norteamericana- expone la ambivalencia y apropiación de los modelos de belleza de Hollywood y los estragos de la enfermedad. Esto es, aunque sus amigas quieren regalarle una peluca para disimular el paso del SIDA por su cuerpo, ella prefiere continuar sus aventuras amorosas -con la energía que le quede disponible- sin dientes ni cabello, pero tan rubia y seductora como siempre. Al contrario de la invisibilización que sobrevuela el "Moridero", las locas amplían la perspectiva allí donde la incoherencia o la inversión son notorias, donde el límite entre la belleza y la repulsión es difuso y oscilante. En ese sentido, el "Cuerpo sin órganos" (CsO), de Deleuze y Guattari, abre la posibilidad de pensar cómo se construye el cuerpo enfermo de la Madonna latinoamericana. Entreabrir el cuerpo significa no sólo una desorganización deliberada, sino también una suspensión del sentido y de la subjetividad como aspectos anclados en la lógica, y por ende, en la productividad. El problema, dice Deleuze y Guattari, no son los órganos en sí mismos, sino el organismo que conduce, establece y regula de un modo natural y único. Frente a los estratos que coartan, significan y proponen un yo estable y seguro, el CsO emerge como la posibilidad del caos, en búsqueda de los límites, de la fuerza de un espacio "entre":

> Serás organizado, serás un organismo, articularas tu cuerpo -de lo contrario, serás un depravado-. Serás significante y significado, intérprete o interpretado -de lo contrario, serás un desviado-. Serás sujeto, y fijado como tal, sujeto de enunciación aplicado sobre un sujeto de enunciado -de lo contrario, solo serás un vagabundo. (164)

Ser un depravado, un desviado y un vagabundo es poner en cortocircuito la lógica de los estratos y proliferar un sinfín de sentidos-otros. En contra de las interpretaciones psicoanalíticas y la búsqueda de sentidos que anclen, de modo congruente, en un yo, la potencia de un CsO se alimenta de "mesetas" (163), de intensidades y *continuum*, sin condicionamientos externos ni fines determinados.

La Madonna mapuche, llevando al extremo las múltiples potencialidades de su cuerpo *trans* y enfermo, no oculta la mácula del SIDA sobre sí ni las "costuras" de la puesta en escena, del artificio de la identidad:

> El candado chino del mundo travesti, que simula una vagina echándose el racimo para atrás. Una cirugía artesanal que a simple vista convence, que pasa por la timidez femenina de los muslos apretados. Pero a la larga, con tanto foco y calor, con ese narciso tibio a las puertas del meollo, el truco se suelta como un elástico nervioso, como un péndulo sorpresa que des-

> borda la pose virginal, quedando registrado en video el fraude quirúrgico de la diosa [...] Una y otra vez, el miembro reventaba la imagen. (34-36)

Imagen insoportable y suspensión del sentido (¿qué es eso?), fractura de la subjetividad (¿quién es?), y por ende, repulsión y escándalo: en un mismo cuerpo, proliferan todos estos sentidos, paradójicamente, incompletos, incongruentes, inentendibles. Como aquella Loba Lamar parturienta, el CsO de la Madonna desequilibra cualquier etiqueta. O más bien, la pone en tensión: Deleuze y Guattari advierten que no se trata de una destrucción del organismo, sino de intervalos de suspensión, de exploración; pues algo de esa lógica, algo del sentido y de la subjetividad deben permanecer como parámetro de oposición. El CsO no es la nada ni la muerte, sino la des-organización deliberada. En el caso del "Moridero", en primera instancia, rige allí una coherencia que establece quiénes pueden ser considerados huéspedes (hombres con el mal enquistado) y quiénes no (mujeres, niños u hombres "recién iniciados"). Incluso, la transformación del narrador -de hombre a mujer, de mujer a hombre- no es oscilante sino específica y delimitada: "[s]ería una locura regresar de madrugada en un autobús de servicio nocturno vestidos con la ropa con la que se trabaja de noche" (15). Sin embargo, el cuerpo de los huéspedes tiene las características de un CsO no desde la proliferación de sentidos contradictorios y ambiguos, como en el caso de la Madonna mapuche o de Loba Lamar, sino desde la suspensión. Esto es, los huéspedes constituyen un cúmulo de cuerpos anónimos -porque no hay referencias individuales ni de los huéspedes ni de la enfermedad- que niegan la potencia de la vida, los proyectos teleológicos, la productividad. Yacen, sin más, esperando morir.

2.1. *La inversión del contagio: del centro hacia afuera*

Frente a la potencia de estas vidas "invivibles", Espósito trae a cuenta -a raíz del Nazismo alemán- nociones como degeneración, eugenesia y regeneración para pensar la relación entre el adentro y el afuera, entre el cuerpo de la población saludable y lo otro, lo extraño que amenaza con irrumpirlo. Poder y legislación sobre la vida y sobre la muerte, el modelo inmunitario propone una combinación de estas dos perspectivas para mantener o recuperar la salubridad. La muerte es un factor elemental para propagar la "buena" vida de cierta porción de la población considerada como útil y valiosa. En este sentido, la mirada médica se torna un elemento primordial, ya que el rol principal de los médicos -en el caso nazi- fue el de identificar y clasificar cuerpos que podrían ser potencialmente peligrosos o degenerados para la salud pública alemana. Hay un lenguaje de lo biológico -que construye, por ejemplo, a los judíos como si fueran virus o bacterias contaminantes- que se transfiere al cuerpo social y que deriva en un "paroxismo autoinmunitario" (187): cierta porción del cuerpo social debe permanecer resguardada y protegida de otra parte que atenta contra la normalidad y la pureza -como en el caso de los leprosarios medievales.

  El caso de la degeneración es un elemento importante para pensar la conjugación de lo médico y lo jurídico, pues no sólo se trata de una anomalía biológica, sino que también hay un desborde que se interpreta como moral. Dice Espósito: "el proceso degenerativo es un proceso disolutivo, producto de la incorporación de agentes tóxicos, que puede llevar, en el lapso de pocas generaciones, a la esterilidad y, por tanto, a la extinción de la línea específica" (189). Se trata de la irrupción de "agentes tóxicos" que modifican y subvierten la "pureza" o salubridad de una parte de la población y que amenaza con extinguirla o con propagar la anomalía en el trascurso de las generaciones. El degenerado, por lo tanto, combina la patología y la anormalidad: pero no sólo la anomalía física -una enfermedad, una hinchazón, un desmembramiento, una carencia- sino que también es portador, en ocasiones, de la indefinición jurídica. ¿Qué es un cuerpo degenerado? ¿De qué manera rotularlo? ¿Es casi-humano? ¿Es humano-animal? En este sentido, sujetas a un doble desvío -enfermedad y ambigüedad identitaria- las locas representan el peligro de la degeneración moral y el contagio de la enfermedad. En la crónica "Tarántulas en el Pelo" (2004), es notable cómo se genera un contraste brusco entre los estereotipos de belleza femenina y la apropiación que las locas hacen de ellos. A raíz de la negación de espacios de formación superior, las locas están destinadas a trabajos decorativos como la peluquería, pues es una actividad que evita cualquier tipo de contagio. Sin embargo, torciendo el brazo de su destino, las locas chilenas "contaminan" los vírgenes cabellos de sus clientas con los exuberantes modelos de belleza transexuales. La estrategia subversiva se consuma, pues, al fin y al cabo, el germen del contagio reside en los "peinados" de aquellas señoras que asisten al salón de belleza.

  Mientras que las locas imprimen modelos de belleza "degenerados" sobre sus clientas, el "Moridero", siempre oculto para la mirada pública, conlleva sobre sí la sospecha del mal, el peligro del contagio, el cultivo de la degeneración. Al derribar la puerta del antiguo salón, los vecinos, incapaces de ingresar en el espacio de la otredad, permanecen en el umbral, aunque su intención primaria era clausurarlo e incendiarlo. El contacto con el afuera siempre es problemático: la sospecha y la desconfianza, por lo tanto, sobrevuelan este espacio de lo velado, de lo desconocido que atenta, potencialmente, contra la salubridad social. No existe, como en el caso de las locas, dimensiones de lo erótico o de la invitación a penetrar el "Moridero". Más bien, nos repelen los gemidos, las paredes monocromáticas, el hedor, la mísera sopa que se sirve en el almuerzo como única comida, las peceras empañadas de agua impura. Desde la soledad del presente, el narrador contempla con nostalgia las aventuras juveniles con sus compañeros -ya fallecidos a causa de la enfermedad maligna-, el breve enredo amoroso que tuvo con un joven huésped, las tenues experiencias en los baños de vapor. No hay, como mencionamos, descripciones detalladas y minimalistas del erotismo: los huéspedes, y también el narrador, son cuerpos que abandonan toda dimensión de la vida y del contacto con el afuera. En cambio, los personajes masculinos que rodean a las locas chilenas pendulan entre la fascinación por la exuberancia de las prótesis o el maquillaje, y el instante de suspensión e incertidumbre frente a esos cuerpos inclasificables. Sobre todo el péndex, aquel joven que oscila entre lo adulto y lo infantil, se manifiesta siempre en la disyuntiva entre la excitación y el desagrado.

Sin embargo, en el *ghetto* coliza, la degeneración y el peligro de la contaminación de lo extraño y desconocido no se configura desde la periferia al centro. Al contrario de lo que propone Sontag, el virus del SIDA no emerge como originario del Tercer Mundo sino que es el mismo Estados Unidos quien exporta los modelos de belleza hollywoodense, los ideales de lo homosexual no combativo, y, además, es el portador inicial del virus. Entonces, desde el centro a la periferia, la enfermedad es una nueva forma de "recolonización", un nuevo *American Dream*: "[l]a Pilola Alessandri [...] Ella se compró la epidemia en Nueva York, fue la primera que la trajo en exclusiva, la más auténtica, la recién estrenada moda gay para morir" (2000, 15). Siguiendo esta misma perspectiva, frente al cliente extranjero que ofrece un manojo de dólares, la Chumilou accede a tener relaciones sexuales sin protección porque, en ese conjunto de billetes, imagina una vida menos austera y degradada. En efecto, Chile y el espacio latinoamericano son el cuerpo sano que se ve irrumpido por la enfermedad del centro: "[n]o podía ser tanta su mala suerte que por una vez, una sola vez en muchos años que lo hacía en carne viva, se le iba a pegar la sombra. Y así, la Chumi, sin quererlo, cruzo el pórtico entelado de la plaga" (18). Atravesando, entonces, la frontera que separa lo sano de lo enfermo, el SIDA originado desde Estados Unidos abona la dominación del centro hacia la periferia, en el terreno de la salubridad, además del político y económico. Estados Unidos es, por ende, el cuerpo degenerado que contamina y pervierte el espacio latinoamericano.

A modo de conclusión: la negatividad transformadora

En la variedad de peces que albergaba el antiguo salón de belleza, pocos ejemplares sobrevivieron al cambio, no sólo del ambiente -en el pasaje de hábitos y movimientos de un salón para el embellecimiento femenino a otros, propios de un espacio destinado a la muerte- sino también, de la atención y devoción de su dueño. De aquellos ejemplares que relumbraban en las peceras en los días en que el narrador era un importante estilista, no queda sino el vacío. Es que la impureza -del agua y de la atmósfera en general- sobrevuela el "Moridero" de tal modo que el narrador sólo conserva una cantidad mínima de peces, para asegurarse algún vestigio de vida o un recuerdo nostálgico de lo que alguna vez ese espacio significó. Sin embargo, en la opacidad del agua de la única pecera que conserva dos o tres ejemplares, nadan ciertos peces que muestran sobre sí una capa de hongos, una marca de lo putrefacto. Pero hay algo más que la mera repulsión o desagrado de ese cuerpo animal que se desliza con la mácula de la enfermedad y el contagio: los peces infectados no son atacados, ni por los depredadores más feroces como los Ajolotes o las Pirañas. En efecto, la visibilidad de esa putrefacción sobre sí les da una condición especial, casi sagrada, intocable. De allí, del micro-mundo de los peces, surge la enfermedad, la herida, la secuela como modos de la vitalidad: las marcas de lo extraño y peligroso, de lo contaminante y repulsivo son caminos que conllevan una identidad alternativa.

En este sentido, la enfermedad también emerge con la potencia del devenir deleuziano, en tanto son cuerpos que irrumpen en un "entre lugar", que mantienen la oscilación sobre sí de manera continua. Frente al Hombre como expresión dominante, la potencia del devenir siempre es la del devenir menor (devenir mujer, devenir animal, devenir molécula) en tanto forma de resistencia, de fuga del sentido y de la subjetividad. El devenir es, justamente, "quedar suspendido, no encarnar una forma o una línea de sentido sino merodear la zona de cercanía, de indiscernibilidad o de indiferenciación de tal modo que uno ya no pueda distinguirse de una mujer, de un animal o de una molecula" (14). El cuerpo enfermo es, entonces, aquel que hace del movimiento pendulante, de lo indeterminado y lo inacabado su identidad. Análogo al CsO, la enfermedad, en el cuerpo de las locas y los huéspedes, deviene vitalidad y fortaleza: ya no es sinónimo de lo paciente ni de lo anormal sino que es un *devenir-menor*, un proceso inacabado, una desterritorialización del sentido. Tanto el puro cuerpo de los huéspedes como la identidad múltiple de las locas, niegan y rechazan el ojo normalizador del médico, y, al mismo tiempo, amplían los márgenes de lo pensable y lo decible. De allí, la idea de Negri de pensar al monstruo, aquel que viola las leyes biológicas y jurídicas, aquel que no puede ser leído ni conceptualizado, no como un mero remanente de un poder biopolítico que lo ubica en los márgenes de lo humano. Más bien, emerge como la potencia de la vida antes que el dominio y la legislación sobre la vida; y por ello, "el monstruo, ya siempre común, ahora se ha hecho sujeto. Ya no es un margen, un residuo, un resto" (118). En efecto, entendemos desde esta perspectiva el carácter sacro del pez infecto, la potencia del excesivo ocultamiento de los huéspedes o la fuerza de la desmesurada exposición de las locas chilenas.

    El cuerpo monstruoso, siguiendo a Negri, se vuelve, entonces, activo: la enfermedad ya no es el mero antónimo de lo salubre, sino otra posibilidad de lo vital. Consecuentemente, la mirada médica no puede construir un cuerpo coherente y fundar allí un objeto de conocimiento: las categorías y las etiquetas de lo paciente se deslizan ya sin sustento que las sostenga porque lo enfermo es, en los huéspedes, las locas y los peces, una forma de resistencia. En este sentido, Edelman propone el gesto de lo *queer* como un posicionamiento intensivo en la negatividad. Frente al futurismo reproductivo y la emergencia simbólica de El Niño como horizonte coercitivo, lo *queer* radica en un continuo y sostenido "no"; y por ello, caen las narrativas del futuro, la historia, la identidad como proyecto teleológico, las fantasías, las promesas de un sentido, la autorrealización y la idea de progreso. Por lo tanto, el "Moridero" y el *ghetto* coliza no funcionan, únicamente, como micro-mundos que niegan los discursos médicos y su legitimidad para conservar la vida y domesticar a aquellos cuerpos des-centrados. Alejados de la vida urbana y productiva, ubicados en un resquicio de la ciudad, ambos espacios también rechazan los discursos jurídicos, morales, éticos y religiosos del orden social imperante. Esto es notable, por ejemplo, en la falta de identidades establecidas dentro del binario femenino-masculino, o la ausencia de actas de deceso o rituales de la muerte. Las instituciones -como la policía, el hospital, la iglesia o asociaciones de caridad- no tienen vigencia ni poder dentro de estas comunidades disidentes. Entonces, por omisión o por exceso, reside en estos espacios el gesto *queer* de aquellos colectivos que se oponen al binario de la identidad heterosexual y toda la proliferación de significados que supone -roles sexuales predeterminados, reproducción, organización familiar, propagación del orden social-.

En efecto, el SIDA, a finales del siglo XX, surge como una amenaza total a la civilización occidental: por medio de la sangre y los fluidos sexuales viaja el virus que amenaza con acabar con la población mundial. Desde allí, como propone Sontag, las campañas para una sexualidad cuidada y conservadora, el ímpetu al cuidado de sí y al individualismo, el miedo a lo diferente y a lo desconocido. La mirada médica no sólo establece las características de la patología, sino que también delinea modos de vida peligrosos, apariencias del exceso, morales subversivas, hábitos que deben ser disciplinados, extranjeros que representan el peligro. De ahí, el gesto de la negatividad: los huéspedes, anónimos y desconocidos, niegan la eficacia de los discursos médicos para "sanar" la enfermedad del mal. Protegidos en el "Moridero" de la violencia urbana y hospitalaria, no quieren paliativos para vivir, sino morir de manera rápida y eficaz. En ese sentido, pero de forma inversa, las locas, entre amargas carcajadas, resisten la marginalidad y los dolores de la enfermedad maquillando las secuelas, riendo sin dientes, exponiendo las costuras de un artificio. El ojo médico queda, entonces, aturdido y ciego entre la opacidad y el exceso de luz: el cuerpo enfermo, subversivo y resistente irrumpe como la negación a la vida misma y a los modos de conservarla y cuidarla. Porque no existe un gesto más rotundamente inverso que, en medio de dolores y heridas, lanzar una risa fuerte y estrepitosa.

Bibliografía

Bellatin, Mario. "Salón de belleza". *Obra reunida*. México D.F: Alfaguara, 2013. 10-37.

Deleuze, Gilles. "La literatura y la vida". En *La literatura y la vida*. Córdoba: Alción, 2006. 13-22.

Deleuze, Gilles y Félix Guattari. "¿Cómo hacerse un cuerpo sin órganos?". En *Mil Mesetas. Capitalismo y esquizofrenia*. Valencia: Pre-Textos, 2002. 155-170.

Edelman, Lee. "El futuro es cosa de niños". *No al futuro. La teoría queer y la pulsión de muerte*. Madrid: Egales, 2014. 17-62

Espósito, Roberto. "Tanatopolítica: el ciclo del génos". En *Bios. Biopolítica y filosofía*. Buenos Aires: Amorrortu, 2006. 175-234.

Foucault, Michel. *El nacimiento de la clínica. Una arqueología de la mirada médica*. Buenos Aires: Siglo XXI, 2014.

Le Goff, Jacques y Nicolás Truong. "Vivir y morir en la Edad Media". En *Una historia del cuerpo en la Edad Media*. París: Editor digital Titivillus, ePub base r1.2, 2005. 50-75

Lemebel, Pedro. *La esquina es mi corazón*. Chile: Seix Barral. 2004.

---. *Loco afán. Crónicas de sidario*. Barcelona: Editorial Anagrama, 2000.

Lemebel, Pedro y Francisco Casas. *Yeguas del apocalipsis*. Disponible en: <http://www.yeguasdelapocalipsis.cl/>

Negri, Antonio. "El monstruo político. Vida desnuda y potencia". En *Ensayos sobre biopolítica. Excesos de vida*. Buenos Aires: Paidós, 2007. 93-139.

Preciado, Beatriz. *Manifiesto Contra-sexual*. Madrid: Opera Prima, 2002.

Sontag, Susan. *La enfermedad y sus metáforas. El sida y sus metáforas*. Buenos Aires: Debolsillo, 2012.

"ABORTO VIVIENTE"
Cuerpo y escritura en la configuración de la identidad

Sol Pérez Corti

Noticia de la autora

Sol Pérez Corti es Profesora de Enseñanza Media y Superior en Letras por la Facultad de Filosofía y Letras de la Universidad de Buenos Aires. Ha trabajado como docente de literatura y de alemán como lengua segunda y extranjera, así como en proyectos educativos bilingües en Buenos Aires y Berlín. Se dedica también a la traducción literaria, especialmente de poesía. Integra el Proyecto de Reconocimiento Institucional "Cuerpo presente. Enfermedad y muerte en la literatura y las artes visuales argentinas y latinoamericanas contemporáneas" desde 2015. Además actualmente está comenzando sus investigaciones de posgrado en historiografía lingüística, con foco en los intercambios científicos entre Argentina y Alemania.

"Aborto viviente"

1. *Introducción: el aborto y sus discursos*

Resulta imposible delimitar al aborto como tema de un campo discursivo específico: los intentos de abordar su complejidad son múltiples e interdisciplinarios y, particularmente, la incapacidad de desarrollar de forma íntegra todos los aspectos que abarca –junto a la tendencia de los discursos disciplinares establecidos (el derecho, la medicina, la religión, la ética) de reducir la discusión a su carácter legal, médico y al debate moral sobre el acto de abortar[20]– lo transforman en un fenómeno que parece sólo poder iluminarse parcialmente.

La discusión clásica, como explica Arleen Salles, se ha polarizado en las posiciones "conservadora" y "liberal" y se centra casi de manera exclusiva en la delimitación de los derechos fetales y en el debate sobre el estatus moral del feto (247). El discurso médico suele utilizar una retórica que se pretende aséptica y lo equipara a una intervención terapéutica (Bohlender 261; Boltanski 234); el discurso de los derechos individuales describe a veces al feto con metáforas similares a las de un tumor o un parásito que invade el cuerpo de la mujer o plantea la relación feto-mujer como una lucha de intereses por recursos biológicos (Klein 85; Salles 256); el discurso religioso se centra en la determinación divina y el carácter supuestamente natural y predeterminado de la función de dar a luz. Ninguna de estas líneas parece ser capaz de dar cuenta de las tensiones que caracterizan al fenómeno, puesto que dejan afuera aspectos tan centrales como las condiciones sociales y materiales específicas que afectan a las mujeres que abortan, la sexualidad, el erotismo, la maternidad y hasta el

---

[20] Arleen Salles señala que "el debate sobre el aborto inducido se desarrolla en distintos niveles dependiendo del marco de decisión en el que se presenta. En el plano individual, se discute la calidad moral de interrumpir un embarazo; en el plano social, la controversia gira alrededor de qué tipo de política pública se debe adoptar respecto a la práctica y cuáles deben ser las razones morales que las sustenten" (247). Salles explica que la disputa en torno a la moralidad del acto de abortar se da alrededor de dos ejes: el estatus moral del feto y el posible conflicto de derechos entre la mujer y el feto (247). De la misma manera, Laura Klein señala que "el debate sobre el aborto ya no tiene la forma clásica de la moral sexual, sino que ahora se plantea como conflicto entre el derecho a la vida o el derecho a la libertad" (17). Las dos autoras coinciden en que, en muchos casos, los términos "absolutos" del debate terminan por enajenar la experiencia concreta del aborto e impedir que las mujeres que efectivamente abortan se reconozcan en el planteo de la controversia (Klein 15).

embarazo mismo (Klein 17)[21]. En este sentido, Klein sostiene que "pensar el aborto es moverse en una zona fronteriza", ya que se trata de reflexionar sobre una "experiencia compleja que hay que pensar cada vez y su sentido es ambivalente incluso para quien lo decidió" (37).

De esta forma, debido a la complejidad de sus aristas, el aborto se presenta como un tema inaprehensible en un solo marco interpretativo y/o discursivo. Si bien han surgido aproximaciones por fuera del debate clásico[22], diversos estudios y ensayos coinciden en señalar lo dificultoso que resulta asir este fenómeno (Klein 65; Salles 248). Por otra parte, la "cuestión del aborto" que domina el debate público pone el foco en los abortos inducidos y no problematiza sus dimensiones simbólicas. Hacer referencia, por ejemplo, a "proyectos abortados" para designar a aquellos que no llegaron a desarrollarse o que fracasaron antes de nacer (Klein 15) despliega un régimen de imaginarios específicos alrededor del tema: algo que se aborta es algo que no se lleva a término; el aborto deviene metáfora de lo inconcluso que –debido, precisamente, a su falta de conclusión– debe o debería descartarse. Ahora bien, ¿qué implicancia tiene esta idea de incompletud cuando se imprime sobre subjetividades? Una lectura biopolítica de la cuestión permite señalar cómo la incompletud del aborto, la interrupción o desviación de la corporalidad normativizada que supone, suspende

> ese principio de individuación que llamamos "el cuerpo" y que funciona social y políticamente como sede del yo y como ontología del individuo: la sede de lo propio, de lo propio del yo y de la propiedad como principio humanizador, como norma de lo humano, (Giorgi 115)

---

[21] No es casual entonces, como explica Salles, "que décadas de discusión en torno al tema no hayan logrado ninguna resolución o consenso estable" y que hayan llevado a preguntarse "hasta qué medida la razón para ello no radica en el hecho de que la formulación tradicional del problema es inadecuada" (248).

[22] Para una presentación de las propuestas que se ocupan de aspectos que pasan desapercibidos en la formulación tradicional, como "la relevancia moral y el contexto del embarazo" y las "relaciones entre las personas involucradas" (Salles 249) ver el texto "VII: El aborto de Arlen Salles".

Si, siguiendo a Giorgi, es posible leer al aborto como el rompimiento del principio de individuación del cuerpo y de la propiedad-de-sí como principio humanizador, queda entonces preguntarse: ¿qué clase de corporalidades son las *abortadas*, qué clase de individuación acontece allí donde se escapa a la lógica del cuerpo acabado, donde los cuerpos son expropiados en la apertura de su falta de normatividad? Cuando un cuerpo transgrede la norma y trastoca sus modos de subjetivación, lo monstruoso emerge como categoría de inteligibilidad. Lo monstruoso, con su doble transgresión del pacto cívico y natural –un cuerpo que no cumple con la norma viola tanto las leyes jurídicas como las naturales (Foucault 2014, 67), su distancia con respecto a "lo natural" demanda nuevas formas de ley que puedan adaptarse a su individualidad específica–, "[e]s el límite, el punto de derrumbe de la ley y, al mismo tiempo, la excepción que sólo se encuentra, precisamente, en casos extremos […] el monstruo es lo que combina lo imposible y lo prohibido" (Foucault 2014, 61). Pensar los cuerpos abortados desde la monstruosidad como categoría de análisis, recupera dimensiones del aborto presentes en la vida cotidiana y en el sentido común. En esta dirección resulta pertinente lo que Courtine señala en su ensayo de la evolución de la mirada sobre la monstruosidad: desde el espectáculo hasta el paradigma de la discapacidad de fines del siglo XIX y principios del XX, el monstruo comienza a percibirse a partir de la teratología científica como un "embrión permanente" en el que la naturaleza "ha quedado detenida por el camino" (224). Así, el aborto engendra monstruos (si no causa la muerte del feto, necesariamente marca una "desviación" de los procesos naturales en el cuerpo de la madre) y pasa a entenderse como sinónimo de interrupción de un proceso que se percibe como "normal, natural, esperable" (y, quizás, podríamos agregar hasta *deseable*) tanto en el plano simbólico como en el de los procesos fisiológicos que configuran rasgos corporales que definen subjetividades y procesos identitarios. Entre los "accidentes" y los "engendros" se despliega una escala de intensidades que vehiculiza el estigma del error y lo inacabado y que se utiliza como marca del no sujeto o del sujeto parcial, no pleno. En el uso frecuente, el aborto señala una carencia o, incluso, una paradoja: algo no tendría que existir, pero existe y está signado por el valor negativo de lo que "no debería haber sido".

En este marco, surge la pregunta sobre qué aspectos del aborto puede dar cuenta el discurso literario o, al menos, cuáles se encuentran imbricados en algunas de sus expresiones. Las figuraciones del aborto en la literatura ponen en escena cuerpos que cargan con la marca de lo irresuelto y que desnudan tensiones con el campo de cuerpos "acabados" y funcionales normativamente. Su carácter contradictorio, su doble violación del pacto cívico y natural, expone las grietas y la precariedad de las concepciones establecidas sobre el cuerpo y la subjetividad, así como también la red de dispositivos que las moldean. Según Rancière,

> las imágenes del arte no proporcionan armas para el combate. Ellas contribuyen a diseñar configuraciones nuevas de lo visible, de lo decible y de lo pensable y, por eso mismo, un paisaje nuevo de lo posible. Pero lo hacen a condición de no anticipar su sentido ni su efecto. (103)

De acuerdo con esta hipótesis, es posible sostener que la literatura no viene a desnudar programáticamente verdades o certezas ocultas en torno al aborto; pero sí permite la apertura de nuevos haces de sensibilidad. La posibilidad de leer en la transgresión de los cuerpos abortados y los cuerpos que abortan una positividad a la hora de pensar en nuevas formas de individuación y subjetivación permitirá construir "otras realidades, otras formas de sentido común, es decir, otros dispositivos espacio-temporales, otras comunidades de las palabras y las cosas, de las formas y de las significaciones" (Rancière 102). En ese proceso, surge indefectiblemente el diálogo con las instituciones y sus discursos; ya que "la literatura como productora de metáforas [y, agregaríamos, de *imágenes*] tiene la capacidad de inventar, reforzar, invertir, resistir, desconectar o reconectar las metáforas que otras instituciones y hasta la propia literatura instalan" (Guerrero y Bouzaglo 24)[23].

---

[23] En esta oportunidad, no aspiramos al análisis de obras que se hayan ocupado necesariamente de forma intencionada de la temática del aborto para alentar transformaciones en alguno de los polos del debate. Un lúcido análisis de este tipo se encuentra en el trabajo de María Alicia Gutiérrez sobre el arte callejero y sus intervenciones vinculadas al aborto y cuestiones de sexualidad. En su estudio, Gutiérrez trabaja sobre el caso del colectivo Mujeres Públicas que produjo programáticamente "representaciones en la doble dimensión artística y política" (117).

Con el objetivo, entonces, de dar cuenta del nuevo reparto de lo sensible –valiéndonos de la expresión rancièreana– que la literatura puede ofrecer a las discusiones sobre el aborto, el siguiente análisis se articulará alrededor de la categoría de "aborto viviente": corporalidades monstruosamente inacabadas o desviadas de los parámetros normativos, capaces de deconstruir y reinventar los modos de subjetivación hegemónicos y de multiplicar la potencia de variación de la vida.

2. *El "aborto viviente": la inscripción de la paradoja*

Este apartado analiza y describe a los personajes principales de las tres novelas del corpus a partir de la categoría de "aborto viviente". En cada caso, se distinguirán las inflexiones singulares de lo monstruoso y su potencia transgresora. Yuna en *Las primas* es una débil mental a la que su madre define como "engendro de la naturaleza" (Venturini 11), Esperanza en *La asesina de Lady Di* es la melliza imperfecta que no debería haber sobrevivido y que narra su historia desde la muerte, El Gauchito en *Yo era una chica moderna* es un feto extirpado como acto de venganza. En las obras, cada "aborto viviente" opera volcando sobre el mundo la incomodidad paradojal de su existencia e invita a problematizar las preguntas que guiarán este trabajo: ¿qué figuraciones literarias del aborto aparecen? ¿Qué cuerpos entran en relación con el aborto y cómo? ¿Se generan en ese vínculo subjetividades específicas? ¿Con qué discursos confrontan esos cuerpos?

2.1. *Cuerpos incómodos: Yuna, sus hermanas y sus primas*

Las primas, de Aurora Venturini, despliega un abanico de cuerpos discapacitados, deformes y disfuncionales: una hermana que sentada se asemeja a "un bicho jorobado de piernecitas cortas y brazos increíbles" (13), siempre "torpe y seguida de cueterías y eructos" (26); una prima "liliputiense" con cara de "manzana deliciosa" (80); otra prima "con seis dedos en cada pie y una excrecencia en la mano derecha que casi semejaba un dedito más" (39). Estos cuerpos excesivos e irregulares, que rompen con los parámetros normativizados de la corporalidad humana, se focalizan en detalle a lo largo de la novela. De esta manera, el lenguaje explora lo deforme y, en el intento de aprehender en la escritura las imágenes de estos cuerpos, la necesidad de narrar a la deformidad deriva en una reinvención poética de la lengua, donde la voz de la narradora Yuna trastoca las estructuras sintácticas y las gramáticas instituidas. Si las condiciones de existencia de la modernidad generan un modo de aprehender el cuerpo que lo tiene en cuenta fundamentalmente –y, casi de manera exclusiva– en los momentos en los que "deja de cumplir con sus funciones habituales, cuando desaparece la rutina de la vida o el 'silencio de los órganos'" (Le Breton 122) y, si como sostienen Le Breton y Elias, el "proceso de civilización" de nuestras sociedades está marcado por el esfuerzo de bloquear los fluidos, olores y sonidos que emanan nuestros cuerpos (123); en *Las primas*, el texto funciona como orquesta escatológica. Su repertorio de cuerpos ruidosos demanda una constante atención, una focalización sobre ellos para tratar de ordenar –aunque sea, mínimamente– la desestabilización que con su existencia imprimen sobre el mundo. Así, estos cuerpos aparecen bajo el signo del "aborto viviente" que previamente bosquejamos: en palabras de la madre de la protagonista, "error[es] de la naturaleza" y "monstruos" (12).

La narradora, Yuna, a diferencia de sus pares de la familia, no tiene ninguna discapacidad física visible. De hecho, en contraste con las demás primas y hermanas, tiene una belleza peculiar, "como la chica de la corbata de Modigliani" (Venturini 39) –si bien en el "alargamiento" de la figura de esa referencia ya se indica un deslizamiento por fuera del paradigma canónico de belleza. A pesar de que a simple vista su "minusvalía" no se nota, ésta queda en evidencia en el plano cognitivo cada vez que intenta entablar una conversación: "la palabra hablada se imbecilizaba al ser expelida por mi boca" (Venturini 63). Una vez que esto se aclara, es a través de la configuración material de su escritura y de su narración que sabemos algo sobre su "estado". Así, su subjetivación y caracterización como monstruo se da por medio de su escritura y de su sintaxis disruptiva, que da cuenta no sólo de su monstruosidad, sino también, como decíamos previamente, de la monstruosidad que la rodea. La materialidad de la escritura funciona entonces como movimiento que da un cuerpo a esa disfunción –o potencia– no inscripta con marcas físicas visibles; un cuerpo que le permite tantear los límites irregulares de su subjetividad y poder hablar de sí "desde afuera". El desdoblamiento subjetivo en el lenguaje autobiográfico y en la autoobservación evidencian el carácter paradójico de Yuna: ella es un monstruo no sólo porque su capacidad de expresión oral es deficiente; sino también porque es capaz de escribir(se) descomponiendo las estructuras del lenguaje y de autodefinirse como tal apropiándose de los discursos que habitualmente la juzgan. En el relato, la voz y la escritura de Yuna son las que dan cuenta de su cuerpo y de sus movimientos en órdenes sintácticos de largo aliento, abiertos, que hacen que la narradora se maree, se agote, que le falte el aire, que nos aclare "qué fatigada estoy por puntuaciones y comas imprescindibles para respirar que de otra manera me ahogaría" (Venturini 69). Esta situación la obliga a establecer instancias de "descanso" a lo largo de la novela, porque con cada punto y coma la cabeza le hace "burubunbún" (Venturini 68).

"Yuna narra ese mundo, en el que el horror es la norma, con una voz que reúne, en partes iguales, minusvalía, lirismo, candor y crueldad", escribe Leila Guerrero (2012). Y, esa voz —con su amplio espectro de efectos— es la escritura que la corporiza, que subjetiva a Yuna articulándola sobre un discurso disruptivo, plagado de silencios y ahogos que construyen su anormalidad. Cuando la escritura de Yuna se hace cuerpo, la inestabilidad del "aborto viviente" pone en crisis los límites entre cuerpo y escritura, los reafirma y difumina visibilizando siempre su relación –problematizando, como sosteníamos al principio de este artículo, la categoría de cuerpo como principio de individuación–: a veces, la puntuación que marca el tempo y estructura la escritura se corresponde con la oxigenación y la respiración del cuerpo –"tengo ganas de respirar y hago paréntesis puntual" (Venturini 57)–; otras veces, la distinción entre cuerpo y mente (escritura) se recupera en pos de la construcción de una identidad dual (es decir, una identidad corporal, donde el discurso se desordena e imposibilita, y otra escritural, donde el monólogo interior permite hilvanar ideas narrativamente) –"ya dije que por dentro de mi psiquis sabía detalles y formas, que era muy distinta a la boba de afuera que hablaba sin punto ni coma porque si ponía punto o coma perdía la palabra hablada" (Venturini 54)–. Son, precisamente, los mecanismos narrativos derivados del monólogo los que permiten a Yuna contar su historia, construir su relato autobiográfico e, incluso, escapar de las restricciones y clasificaciones médicas que desde pequeña le diagnostican que "leía dislálicamente" (Venturini 18) y le impiden apropiarse del discurso "elevado": "cuando pienso pronuncio [y, podríamos agregar, escribo] vocablos finos y cultos que se me niegan en la palabra hablada" (Venturini 51). Mientras los discursos hegemónicos de la educación y la medicina deslegitiman el discurso del monstruo y le impiden esbozar narrativas identitarias, la interdependencia entre cuerpo y escritura en Yuna es la condición de posibilidad para que el relato autobiográfico pueda construirse y emerja así una subjetivación singular. Es ahí, desde esa posibilidad autobiográfica, que ella confronta directamente con las etiquetas del universo familiar y de la educación formal que carga desde que tiene memoria: "qué desgracia la tuya, Clelia, así se llamaba mamá, dos hijas taradas" (Venturini 27), escribe, por ejemplo, citando a su tía. O recuerda el gesto de su madre que

> guardó el champagne para brindar los quince años de alguna de sus hijas que éramos yo y Betina pero no lo descorchó comprobando que no valía la pena porque las edades cronológicas no valen cuando no deslizan sus horas y días con los de la inteligencia. (Venturini 31)

En otras instancias incluso, a partir de la emergencia de esta voz/cuerpo singular, es Yuna quien pasa a tensionar el registro "culto" de los discursos hegemónicos que la escinden de la normalidad. Yuna utiliza en reiteradas oportunidades el diccionario para "enriquecer" lo que escribe y así hace visible (a pesar de que no sea su intención) la naturaleza prescriptiva de la lengua institucionalizada que la excluye: cada vez que recurre al diccionario nos aclara entre paréntesis "(diccionario)" y, más adelante, "(ídem)".

A través de la subjetivación de su escritura, Yuna se configura como un "aborto viviente" que habilita una carga positiva: su capacidad creadora, su talento para las artes plásticas. Así, el "aborto viviente" logra hacerse presente y validar su existencia; a pesar del margen silencioso al que el sistema capitalista pretende relegar a estos cuerpos por su "inutilidad" (Boltanski 148). En el mundo de las artes plásticas, Yuna pasa a ser reconocida como pintora, vende sus cuadros, gana dinero y, aunque su profesor tenga que hablar por ella a veces, consigue poner en cuestión todos los discursos de las "gentes llamadas normales" (Venturini 31) que permanentemente la desacreditan. Las primas y hermanas de Yuna despliegan una escala de distintos grados de monstruosidad, pero es ella quien cuenta con más herramientas para sacudir los márgenes del mundo normalizado: si el vínculo entre cuerpo y escritura es lo que le permite una voz, la pintura es aquello que le permite ser escuchada. En su cuadro *Aborto* –inspirado en el aborto clandestino al que obligan a someterse a su prima Carina–, por ejemplo, Yuna logra inquietar al espectador (y al lector) con una puesta en abismo de la situación general de los "engendros de la naturaleza" de su familia:

> En un gran cartón pinté un mapamundi dentro del cual un renacuajo flotaba tratando de defenderse de un tridente que intentaba traspasarlo y el renacuajo de repente parecía una semilla humana, un nene feo que minuto a minuto cambiaba a más lindo hasta que se hizo bebé y entonces el tridente lo pinchó en la barriguilla y él salió flotando hacia fuera del mapamundi. Ese cartón que mostraba varios aspectos de la aventura de ese pequeño ser fue muy estudiado y asimismo aprovecharon los sicólogos sociales para hacerme preguntas que yo contesté como mejor me pareciera para confundirlos. Creo que los confundí. Leí las conclusiones infantiles a que llegaron. Íntimamente me burlé de ellos, de sus poses y sus lástimas hacia mi persona. Cuando titulé mi obra creo que se hicieron cargo del error de interpretación. *Aborto*. Así lo titulé. Gané una medalla por *Aborto*. (Venturini 41)

Así, a través cuadros como *Aborto*, a través de su arte, poco a poco el "aborto viviente" se expresa, se construye y expone las fisuras de los discursos hegemónicos: abre, en definitiva, distintos horizontes hacia la configuración de una nueva sensibilidad.

2.2. *El cuerpo feo y desagradable: Esperanza Hóberal*

> Mi cuerpo es el lugar irremediable al que estoy condenado.
> *Michel Foucault*

La asesina de Lady Di, de Alejandro López, también presenta una serie de personajes atrofiados en torno a la protagonista: por un lado, su hermana gemela perfecta, que vuela por los aires en una explosión, desaparece y regresa para comunicarse "usando" el cuerpo de una vecina; por el otro, su mejor amiga Gloria, que tiene "piernas perfectas y el culo paradito" (48), "carita de Barbie latinoamericana" (49) y se mueve en el escenario del salón de actos "como una gacela" (49), pero sufre un accidente y queda con una pierna acortada. Esperanza Hóberal, la narradora, viaja a Buenos Aires porque sueña con triunfar en la televisión y tener un hijo de Ricky Martin. A lo largo de la novela, su cuerpo es permanentemente sujeto y objeto de reiterados intentos de imposición de límites y moldes *pop* prefabricados. Ella, como Yuna, existe bajo el signo del "aborto viviente", aunque por otros motivos: ella *sobrevivió* por casualidad. Cuando nació su hermana, como nadie sabía que su madre esperaba un parto doble, la dejaron "adentro"; entonces, "lo que era un parto normal se transformó en un infierno" (López 26). Los médicos, tal como relata Esperanza, "estaban asombrados de que estuviese viva porque había permanecido demasiado tiempo adentro de mi madre [...] Cinco minutos es demasiado y eso no lo resiste nadie" (López 26). Ese nacimiento imprevisto se completa, además, con un nacimiento mediático: la muerte de la partera en un accidente –al caerse una baranda del hospital por una fuerte tormenta– convoca a la prensa local y Esperanza relata que "fue la primera vez que aparecí en los medios, cuando tenía cinco horas de vida" (López 28). Esos mismos medios son los que señalan, unos años después, su carácter de "aborto viviente": cuando su casa explota por una fuga de gas y su hermana melliza muere, la revista *Casos* de Paraguay publica una foto de las dos "con una flecha indicando cuál de las dos se había desintegrado" (López 29). Sin embargo, Esperanza explica que "se equivocaron y la flecha iba directa a mí" (López 29). Este error condensa su condición, sumado a que sobre su primera infancia relata que "no me alzaba nadie" y "se cansaban de mí" (López 29). Como si eso fuera poco, se compara con su hermana de la siguiente manera:

> nunca entendí por qué, si éramos idénticas, ella parecía linda, con los ojos levantados, como si tuviera las facciones apuntando para arriba. Además, cuando se reía se le iluminaba la cara y compraba a cualquiera con la sonrisa; la mía sin embargo... bueno, todos mis gestos, hasta en los momentos más dichosos terminan para abajo. En picada. (López 31)

"Aborto viviente"

Si bien Esperanza sobrevive a la tragedia del gas, su madre sostiene que fue una "injusticia divina" la decisión del Señor de cuál de las dos llevarse al cielo, ya que "toda la naturalidad que debe tener una bastonera" (López 54) la tenía su hermana. Si Yuna, como se mostró en el apartado anterior, es un "error de la naturaleza"; Esperanza es un "error del mundo del espectáculo": carece de las cualidades de valor del mundo de las comparsas, las telenovelas y la farándula, asociadas en la obra con lo "natural" y lo "bello". Su vida está signada por imposibilidades en distintos frentes por estar siempre a la sombra de su hermana, su amiga ideal o su ídolo mediático perfecto. Sumado a esto, Esperanza narra su biografía una vez muerta. Su voz se acerca a las palabras desde el "más allá" para relatar distintos episodios de su vida —como, por ejemplo, cuando su amiga se deshace de su cadáver en el río—; como ella declara, "las mellizas Hóberal u Hober*o*l, o como se le cante pronunciar, volvemos para hablar hasta después de muertas" (170).

Esperanza padece su cuerpo como una materia distorsionada, de límites imprecisos, difícil de *controlar*. Esta distorsión la "aprisiona" en sí misma, es el límite que la separa y la excluye del resto del mundo, por eso no quiere hablar del cuerpo: "y yo ya tenía que convivir el día entero con el mío" (López 83). La base "Tsu", los maquillajes y las fotos de los famosos son sus herramientas para (re)crear e intervenir permanentemente ese cuerpo, tratar de fijarlo en una representación satisfactoria, una imagen que cumpla con los designios de los discursos de los medios masivos de comunicación —por ejemplo, llevar el pelo "largo y alisado porque quería estar igual a Catherine Fulop en 'Abigail'" (López 63).

Además de probar todos los tratamientos que puede para bajar de peso —un tratamiento anticelulítico adelgazante, la banda Fardy, la Terapia Térmica acelerada, las dietas extremas— Esperanza constriñe permanentemente sus piernas y su abdomen con pantalones "superajustados", al punto de llegar a comprarse "unos vaqueros dos números más chicos" que la ponen "pálida de la descompostura" y le dejan un "moretonazo en la barriga" (López 120). También, aspira incansablemente a parecerse a otra de sus ídolos televisivos: Angélica Durán, "la mujer de las tres efes: flaca, famosa y frívola" (López 69). Sentirse "más llena de vida" equivale a ser "más flaca, más alta y con la nariz llena de personalidad" (López 136); la vida —en este caso, sinónimo de belleza (la vida es vida sólo si es *vida bella*)— se presenta entonces como válida exclusivamente cuando cumple con su carácter normativo y se ajusta a los parámetros corporales y cánones de belleza establecidos. Los valores cardinales de seducción, suavidad, higiene y juventud se configuran en la novela como la piedra angular del relato hegemónico moderno sobre la relación de los sujetos con su cuerpo. Estos valores sustentan una serie de prácticas performativas –por nombrar sólo algunos ejemplos: el jogging, la gimnasia, la cirugía, los tatuajes, los piercings, la moda– destinadas a producir cuerpos de un determinado tipo, valorizados. De esta forma, Esperanza queda atrapada en la red que responde a las modalidades específicas de la microfísica del poder sobre el cuerpo femenino; puesto que, en ese caso en particular, no se trata sólo de hacer los cuerpos más útiles para el funcionamiento y la perpetración del sistema capitalista, sino también de hacerlos más *bellos* (Citro 35)[24]. Por otra parte, teniendo en cuenta que el consumo de tecnología, signos, bienes, servicios, saber médico y pseudomédico es un procedimiento que permite la manipulación de la apariencia para obtener condiciones de membresía, distinción e identificación (Schwarz 2011, 4); la única alternativa para que Esperanza defina una identidad "satisfactoria" en este sistema de valores reside en estas intervenciones que buscan un cuerpo "sin historia". Solo un cuerpo de esa índole puede responder a los discursos imperantes y así "congelarse" y "perpetuarse" en la repetición mediática, en tanto "la Modernidad Tardía con su lógica de cambio permanente vuelve obsoleto el pasado más reciente y el futuro es tan impredecible que resulta inhabitable por ser inconcebible" (Schwarz 2011, 4).

De acuerdo con lo anterior; la subjetividad de Esperanza se modula a lo largo del relato con intervenciones permanentes sobre la materialidad de su cuerpo, anatomopolíticas específicas promovidas desde la sociedad del espectáculo y el consumo que sostienen un imperativo constante: "debía hacer algo con mi cuerpo" (López 76). Pero, en tensión con este mandato programático, el "aborto viviente" se desliza en excesos que no puede evitar: "devorarse media docena de facturas" (López 74), comer desaforada "seis empanadas de carne" y engullirlas "de un saque" (López 72). En la ingesta compulsiva de alimentos, el acto de abrir la boca y masticar saca a Esperanza fuera de sí, la hace perder el control, escurrirse de

---

[24] Citro señala cómo a partir de la difusión del cine "al tradicional disciplinamiento del movimiento de los cuerpos se le suma el de la nueva imagen corporal que deben alcanzar, a través de una anatomopolítica de la belleza que se hará cada vez más minuciosa y rigurosa" (35).

los límites que le imprimen y se imprime. Esperanza, en tanto "aborto viviente", pone en crisis la coherencia hegemónica sobre la corporalidad que promueven los distintos dispositivos capitalistas y visibiliza al cuerpo como lucha de fuerzas en constante disputa. Debido a esta tensión traumática, cuando su amiga comienza a trabajar como masajista, deja de vestirse a la moda y se pasa "todo el santo día hablando de la respiración y del cuerpo" (López 83), Esperanza se ofusca: "yo ya tenía que convivir el día entero con el mío [su cuerpo] y [...] no quería hablar de él" (López 83). En *La asesina de Lady Di*, el cuerpo aparece como condena y lastre y, al mismo tiempo, como condición de posibilidad sobre la que los discursos de los medios y la industria cultural operan para constituir una subjetividad. Esto se debe a que Esperanza no está construida "con las convenciones del realismo sino con las del verosímil del lenguaje y las percepciones de los medios masivos de comunicación, por lo que, en ella, las palabras son conciencia práctica: sus ideas existen en el mundo material y conforman su corporalidad" (Carzoglio 2010). Esos discursos no sólo atraviesan su relato y rigen sus marcos de interpretación del mundo; sino que la constituyen como sujeto en ese mundo, son su voz narrativa y su escritura; no marcan su cuerpo, lo construyen y lo atraviesan. La lucha de fuerzas entre las normas de la belleza y los impulsos incontrolables hacen de este cuerpo un otro constante para sí mismo, una fuente de insatisfacción y, simultáneamente, la materialidad donde se condensa la posibilidad de acceder a lo que se desea: el reconocimiento del designio de las voces del afuera. Es en esa pelea incansable de Esperanza por autoconstruirse de manera satisfactoria que todo esfuerzo parece fútil cuando la mirada de los demás destruye inexorablemente cualquier fantasía; como en el set televisivo, cuando el encargado de los extras dice sin tapujos: "maquillen a la gorda de la mesa 10 que se le notan las gotas de sudor" (López 72).

3. 3. *"El cuerpo imposible": El Gauchito*

En un nivel más de "realización de la paradoja" que encarna Esperanza, El Gauchito de *Yo era una chica moderna*, de César Aira, condensa al máximo el oxímoron "aborto viviente": él nace cuando la narradora y su amiga Lila lo extirpan del cuerpo de Ada, embarazada del novio de la segunda; el aborto es justamente la condición de posibilidad de su existencia. Después de un festín sangriento de "cirugía sin instrumentos" (Aira 40) las dos amigas lo encuentran y explican que "era gris con forma más o menos humana" (Aira 41), aunque enseguida aclaran que "parecía un juguete, un muñeco, cualquier cosa, podía pasar perfectamente disimulado" (Aira 42). El Gauchito no es humano, pero tampoco se aparta completamente de aquello que sí lo es:

> era un monstruito humanoide, de treinta centímetros de alto, cuerpo piramidal, largas piernitas y bracitos que se agitaban como cintas, de color gris, con partes translúcidas, y un brillo metálico, de aluminio [...] De la panza le colgaba un pingajo de unos cinco centímetros. ¿Sería el cordón umbilical? No, era el pitito. Era varón. Lila tomó la punta con dos dedos y estiró un poco: era un miembro elástico; al soltarlo, azotó el cuerpo como una gomita. Probé yo, y lo estiré más de veinte centímetros. Era increíble la elasticidad de ese pitulín. Estiramos cada vez más y cedía hasta un metro; al soltarlo daba unos latigazos cómicos y volvía a su dimensión. [...] Probamos de pararlo pero las piernas eran demasiado blandas, no lo sostenían. Las tenía curvadas hacia adentro. Los brazos también eran blandos y demasiado largos. (Aira 45)

Así como el cuerpo de Esperanza Hóberal se compone con numerosos fracasos de ideales mediáticos; El Gauchito está hecho de miembros humanos alterados, inacabados y disfuncionales, ya sea por exceso o por defecto. Esas deformidades vuelven difícil su clasificación y por eso "la gente lo tomaba por un mono, o un perro o un pájaro, o por un juguete japonés" (Aira 46), lo llaman "el extraterrestre argentino" (Aira 47), lo comparan a veces con "un pulpo de la atmósfera" (Aira 62) o sencillamente pasa desapercibido. El Gauchito se suma con su peculiar abortonacimiento a una serie de personajes con cuerpos atrofiados y sujetos a desbordes de distinto tipo. Porfiria es la ucraniana afectada por las radiaciones de Chernóbil que "no puede dejar de crecer" (Aira 10). Los amigos de Lila y de la narradora son "altísimos, como niños estirados" (Aira 43).

"Aborto viviente"

Los patovicas son "Ejemplares Humanos" sobredimensionados que poseen un llamado propio que sólo ellos escuchan y que han descubierto "el modo de seguir creciendo aún después de que la infancia se acabara definitivamente" para llegar a ser "montañas humanas" (Aira 43). Ada, después de que las dos amigas le extirpen a El Gauchito, es reconstruida por Porfiria, que vuelve a ensamblar sus órganos como una Dra. Frankenstein. Roberto, el novio de Lila que embarazó a Ada, también es un "aborto viviente": lo recuperaron los policías del vientre de su madre (que murió a balazos en un tiroteo) y uno de ellos conservó ese "extraño amuleto", ese "muñeco de forma vagamente humana" (Aira 76). Más adelante, le cosieron un uniforme, lo llamaron Roberto, comenzaron a alimentarlo "y lo criaron como mascota de la comisaría, casi como un experimento en biología policial" (Aira 77). El repertorio de monstruos caracterizados por la oscilación permanente entre el defecto y el exceso de lo humano no hace otra cosa que dar cuenta de un mundo volátil y poner en escena "la 'natural' inestabilidad e informidad del monstruo contemporáneo" (Calabrese 119), ya que, como apunta Calabrese con respecto al neobarroco, "si se representa la inestabilidad, es fatal que sean inestables también sus representaciones" (Calabrese 119).

El Gauchito se incluye en un principio dentro de esa galería de cuerpos extraños, anormales; pero, a ese posicionamiento le suma la capacidad de ejecutar algunas funciones sobrehumanas marcadas por el exceso que lo cargan positivamente. Se trata de ventajas tecnobiológicas sobre los otros seres humanos que caracterizan su singularidad, como cuando con sus gritos agudos de "Blaaaaah!" suelta también un silbido infrasónico que tiene el efecto lateral de reventarle los ojos "como burbujas" (Aira 47) a los patovicas; o como cuando, después de practicarle sexo oral a Lila, su pene hiperbólico eyacula "una especie de ácido blanco" que consume la carne de un chico que los molesta en una plaza (Aira 47). El exceso de fluidos y sonidos (al igual que en la hermana de Yuna) configuran la singularidad grotesca y disruptiva de El Gauchito. Como señala Norbert Elias y explican Citro y Le Breton, es a partir del Renacimiento y del ascenso de la burguesía que ciertas necesidades naturales y fisiológicas del cuerpo que en la Europa feudal podían hacerse en público se retiran progresivamente al mundo estrictamente privado, al tiempo que se les impone también un manto de silencio (Citro 31; Le Breton 123). En ese proceso histórico, surgen muchos de los sentimientos actuales de pudor y de vergüenza de nuestro cuerpo y sus funciones (Citro 31), que hacen que todo aquel que no pueda controlar fluidos y sonidos, como El Gauchito, sea catalogado como anormal.

En tanto "'el autodominio' del individuo, con su insistencia en el registro de lo corporal y lo afectivo se convertirá en un rasgo característico y altamente valorado de la 'personalidad' en el proceso de consolidación de la burguesía" (Citro 31), es comprensible que aquellos "incapaces" de efectuar esa autorregulación encuentren dificultades para constituirse como sujetos en el mundo moderno. En un intento de "dejar" su monstruosidad y de modular sus subjetividades de acuerdo con los parámetros hegemónicos, Yuna trata de regularizar su cognición obsesivamente a través de la escritura, la respiración y la puntuación; Esperanza intenta regularizar su belleza a través de intervenciones performáticas que la modelen y que hablen con su cuerpo. Sin embargo, como se vio en los apartados anteriores, a pesar de sus esfuerzos por "normalizarse", ninguna de las dos logra salir completamente de su marginalidad: el signo del "aborto viviente" las marca de manera inexorable. Por su parte, El Gauchito no lucha contra su monstruosidad. Por el contrario, se presenta como la encarnación de una potencialidad pura, un gesto demarcado de los límites del cuerpo, la reinvención constante de un gesto abierto entregado a su devenir, a su capacidad de proyectar una multiplicidad de acontecimientos "porque El Gauchito era eso: una gestualidad arrancada a un cuerpo. ¿No habría sido peligroso arrancarlo como habíamos hecho? Después de todo, el cuerpo le pone límites al exceso de gestos" (Aira 62). El Gauchito, al haber sido efectivamente abortado, interrumpido durante el desarrollo de su cuerpo —aquel marco de propiedad cognoscible que lo hubiera "humanizado" durante el resto de su vida—, se presenta como una potencialidad sin cuerpo que lo enmarque y lo limite.

Tanto *Las primas* como *La asesina de lady Di* presentan narradoras y protagonistas jóvenes, abocadas a una fuerte lucha por encontrar su lugar en mundos hostiles y crueles, con biografías que pueden leerse también como relatos de aprendizaje marcados por la tensión del cuerpo frente al deseo sexual, la menstruación y el embarazo —elementos que gravitan sobre los personajes como obsesiones y fuerzas transformadoras—. Si la narración de Yuna apela a la sintaxis extensa, cansina, reiterativa y enrevesada; la de Esperanza nos sumerge en la hipérbole, en el detalle visual excesivo y en el montaje que da un ritmo rápido y de cambio constante. En el primer caso, las convenciones del realismo se sostienen en la idea de la "minusvalía", que habilita la aparición de lo perverso y lo siniestro; en el segundo, realidad y fantasía se trastocan hasta el delirio, vehiculizados por el exceso y la acumulación. En la novela de Aira, por su parte, puede leerse la tensión entre la alegoría y el naturalismo (Link), en un diálogo que se cifra en la figura del "aborto viviente".

Yuna con su voz y su cuerpo de débil mental dialoga con los discursos establecidos sobre la medicina y la educación y también sobre la literatura y el arte. De la misma manera, Esperanza se nutre de las telenovelas y exacerba los ideales publicitarios de belleza y estética corporal en la sociedad de consumo. El Gauchito, por su parte, funciona como configuración literaria que permite insertar en la novela una reflexión sobre el realismo y la historia de la literatura:

> Simetrías que son casi inevitables cuando una historia se echa a andar, magias parciales del relato. Todo lo que pasa ha pasado ya bajo otra forma. Pero El Gauchito era demasiado. No era real, era de fábula. Lo habíamos ganado en contra de todas las leyes del realismo. Era uno de esos seres prodigiosos que viven en el corazón de los cuentos. (Aira 77)

Las tres obras anclan en el cuerpo de estos personajes cuestionamientos y diálogos con esferas más amplias de lo social, a tal punto que en Aira el procedimiento se vuelve metadiscursivo y pasa a trabajar –a partir del cuerpo de El Gauchito– elementos centrales de la producción artístico-literaria.

3. *El "aborto viviente": una configuración particular del cuerpo*

Tal como se expuso, la figura del "aborto viviente" funciona en *Las primas*, *La asesina de Lady Di* y *Yo era una chica moderna* como matriz de sentido para leer las configuraciones subjetivas de personajes representados como seres que no deberían haber nacido y vivido. Su existencia los ubica por fuera de la normatividad estética, biomédica, sociopolítica, mediática y económica: son figuras revulsivas para el sistema social imperante. En *Sociología de la reproducción y el aborto*, Boltanski identifica cuatro "arreglos", es decir, formas históricas bajo las que se ha problematizado el "engendramiento-aborto". Si bien el autor las postula como sucesivas y con el horizonte en el caso francés y europeo en el que el aborto es legal, Calise señala que elementos de los diferentes arreglos conviven en simultáneo en distintos discursos dependiendo del estatuto y de la pertenencia de clase (138). Para el caso argentino, este sociólogo indica que fundamentalmente aparecen representados aspectos del arreglo vinculado al surgimiento del Estado industrial y del arreglo del "proyecto parental", más propio de ciertas modalidades del capitalismo tardío (139). Según Boltanski, desde mediados del siglo XIX, con el estado moderno industrial, "se puede detectar una política de procreación que tiene por objeto la producción de buena calidad y en un número balanceado" (Bohlender 259). Desde esta perspectiva, las intervenciones en salud pública reproductiva a partir de ese momento tendrían como objetivo aceptar sólo "a aquellos seres que se puede esperar que cumplan un rol funcional al interior de la sociedad nacional" (Bohlender 259). Quienes se apartan de ese promedio utilitario propuesto como ideal, como los denominados "débiles mentales" –por dar sólo un ejemplo– pueden pensarse desde el oxímoron del "aborto viviente": se trata de cuerpos residuales para el sistema de producción y de consumo, cuyas voces sólo pueden constituirse por fuera de los discursos hegemónicos. Si bien esta lectura carga a estos cuerpos monstruosos de un valor negativo, es interesante reconocer la positividad de su potencia de variación (Giorgi 2009, 324); su capacidad de poner en crisis a los dispositivos que intentan normalizar la vida, ignorando y excluyendo la multiplicidad de su diferencia pura. "El cuerpo discapacitado y monstruoso" (ver 2.1.), "el cuerpo pastiche de discursos *massmediáticos*" (ver 2.2.) y "el cuerpo imposible" (ver 2.3.) son algunas de las torsiones y de las variantes que toma el "aborto viviente" en los textos trabajados. Esas configuraciones corporales particulares, que recuperan lecturas presentes sobre el aborto y su asociación a lo embrionario, lo inacabado y lo monstruoso, constituyen a los protagonistas de las novelas. En los tres casos analizados, el relato biográfico tiene al cuerpo como elemento central: en él se escenifican la vida, la falla y la abyección. Lo inconcluso, lo repulsivo y lo ambivalente aparecen en marcas concretas, ya sea en el plano de lo "disfuncional" –como en el caso de Yuna–, lo "feo" –en el caso de Esperanza– o lo "deforme y sobrenatural" –en el caso de El Gauchito–. En *Antropología del Cuerpo*, Le Breton justifica su propósito de analizar la sociedad moderna a través del estudio genealógico del concepto de cuerpo en el mundo occidental basándose en la premisa de que "el cuerpo pertenece por derecho propio a la cepa de identidad del hombre. Sin el cuerpo que le proporciona un rostro, el hombre no existiría" (7). Aunque algunas veces se lo considere algo obvio y otras se lo olvide completamente, el cuerpo es aquello de lo que ningún ser humano puede sustraerse, ya si se lo piensa como materia con determinada durabilidad temporal, como construcción social, como objeto de políticas de normalización y conformación, como *locus* de técnicas, como mecanismo o como artefacto.

En estas novelas, los personajes tienen cuerpos de "calidad dudosa" tanto por su constitución psicofísica como por su inadecuación simbólica a los discursos imperantes de vitalidad y belleza. Remitir a la materialidad corporal de los personajes resulta determinante a la hora de construirlos biográficamente. Como se desarrolló con anterioridad, sus cuerpos —al estar por fuera de la ley biológica y cívica— problematizan los parámetros que regulan y normativizan la vida. En este sentido, el cuerpo de estos personajes no pasa inadvertido, sino que ocupa un lugar central en la trama argumental de los relatos —de hecho, son los desvaríos del cuerpo monstruoso los que hacen avanzar las tramas—. Desde la corporalidad disruptiva de los abortos vivientes se da cuenta del caos y del desorden de la vida, de su posibilidad de error, de su potencia de variación obturada por los discuros hegemónicos. Podría decirse, en la línea de Nancy, que los personajes de las novelas analizadas no *tienen* un cuerpo, sino que *son* un cuerpo: sus cuerpos no funcionan como propiedad intrínseca a la existencia que habilita un marco de inteligibilidad de "lo humano", sino que ponen en evidencia la precariedad de esta categoría y el carácter inapropiable que puede tener la carne no categorizable. Así, marcan el pulso inestable de su existencia errática y múltiple.

La materialidad monstruosa de estos cuerpos aparece vinculada estrechamente a la escritura y contrapuesta a los discursos de poder económicos, mediáticos, educativos, culturales y biomédicos. Como estos discursos se edifican sobre la premisa de que lo humano remite a la posesión de un cuerpo con determinadas características que responden a cierta viabilidad económica y docilidad política; el dualismo entre ser y tener un cuerpo tensiona las identidades de los monstruos[25]. Sin embargo, en las

---

[25] Tal como señala Citro cuando retoma a Lambek, la distinción "mente/cuerpo" (en este caso, podríamos adaptar el binomio a "tener un cuerpo/ser un cuerpo") podría ser una "distinción histórica particular de lo que son los acertijos existenciales universales enraizados en la capacidad humana para la autorreflexión" (27). La historia occidental, a partir del giro cartesiano que cifra el carácter humano en el *cogito*, nos confronta con un cuerpo que es una estructura indi-

tres novelas, la escritura se revela como medio para configurar estas subjetividades "truncas" para el sistema hegemónico: desde esa dimensión, los monstruos hablan y se reconocen como sujetos desbordados, abortos vivientes con la potencia suficiente para pronunciarse por más que el mundo les señale constantemente que no deberían existir. Aunque no siempre en un acto consciente, a través de la escritura y de la apelación a discursos de fuerte arraigo en el imaginario social (ya sea para subvertirlos, reproducirlos o cuestionarlos), estos personajes se asumen como cuerpos[26] más allá de lo que implica su "falla" y de lo irremediable de esa inscripción. Desde allí es que logran actuar en el mundo. Los cuerpos-restos desagradables, decadentes, siniestros o abyectos que generan, por momentos, cierta incomodidad –a veces, cercana a "la risa del espanto"– pueden entenderse como sintomáticos de una época en la que la noción de sujeto se encuentra en una profunda crisis signada por miedos y ansiedades con respecto a los límites de la corporalidad, la muerte y la performatividad de la palabra[27].

---

vidualista escindida del cosmos ("hecha" de otro material), de los pares e incluso de la persona misma; no sorprende, entonces, que esté tan arraigada la idea de que "tenemos un cuerpo" por sobre la de que "somos un cuerpo" o, incluso, por sobre la de que indefectiblemente no podemos ser sin él.

[26] La centralidad del cuerpo en obras de la narrativa argentina reciente en el período de la postdictadura ha sido interpretada por Elsa Drucaroff como una respuesta a la supremacía del lenguaje en la que crece una generación de escritores formada después del giro lingüístico en las ciencias sociales y en tiempos de dominio de los discursos de los medios masivos de comunicación. El texto de López entra en el grupo que toma Drucaroff para su trabajo, en tanto pertenece a un autor que ha publicado "a partir del menemismo" y que vivió "la dictadura en una edad en la que no habían llegado a la conciencia ciudadana, o que no la vivieron nunca porque nacieron en democracia" (17). Venturini, de 83 años cuando se publicó *Las primas*, y Aira, de 55 años cuando apareció *Yo era una chica moderna*, quedan afuera de esa delimitación. Sin embargo, esto no excluye que se puedan pensar sus novelas también desde las reflexiones de Drucaroff. La crítica sostiene sobre su recorte que "es esperable que lo 'nuevo' no aparezca sólo en las generaciones de postdictadura, pero *eso* nuevo que intentaré describir y delimitar sí las caracteriza particularmente a ellas, al menos como tendencia comprobable" (18).

[27] Drucaroff sostiene también con respecto a lo "nuevo" de la "nueva narrativa argentina" que es una constelación formada por una serie de procedimientos que aparecen de una manera determinada, así como también por "manchas temáticas" específicas. Los relatos de la NNA se mueven en un escenario regido por el desencanto político y la certeza de la ineficacia de la palabra para producir algún efecto, en contraposición con el poder performativo y omnipotente de los medios de comunicación masivos; lo que los hace desconfiar "de la verdad de cualquier

3.1. *El "aborto viviente" como condición de posibilidad de la maternidad y viceversa*

El "aborto viviente" erosiona con su existencia discursos establecidos, entre ellos –y con una fuerza peculiar–, el de la maternidad. Boltanski cifra su análisis del aborto y la reproducción en lo que define como dos formas de considerar el problema de la emergencia del ser humano, "ser por la carne" y "ser por la palabra" (Calise 131) Tal como explica Calise, la relación entre ambas está dada por el hecho de que

> la humanidad presente en la carne debe ser confirmada por la palabra, y que esta singularidad que se adquiere a través del discurso solamente puede ser transmitida por otro ser cuya singularidad haya sido reconocida previamente. (Calise 131)

Según esta lógica, se requiere de la confirmación de la madre para que ese ser instalado en su carne, en principio indefinido, pueda constituirse como un ser singular. En este sentido, los "abortos vivientes" antes presentados logran tener una cierta entidad en la medida en que sus madres los definen: la madre de Yuna la describe como "monstruo"; la madre de Esperanza aclara sin tapujos que hubiese preferido que sobreviva su otra hija al accidente (la que no nació inesperadamente); El Gauchito es legitimado por partida doble: antes de "nacer", Roberto y Ada, sus padres biológicos, planean casarse para tenerlo y cuidarlo y, una vez concretado su nacimiento-aborto, Lila y la narradora lo adoptan rápidamente porque enseguida lo sienten parte de su "sociedad de dos" y de sus "bromas privadas" (Aira 45). Sin embargo, la definición que dan las respectivas madres no es suficiente ni es la única que está en juego.

---

palabra" (Drucaroff 419). La semiosis se presenta como impotencia propia u omnipotencia del poder y el cuerpo aparece en tensión como "única certeza" (Drucaroff 424) frente a la saturación de signos inútiles, "porque el cuerpo goza o duele, porque algo no semiótico reacciona en nosotros" (Drucaroff 446). Podemos discutir con la afirmación de Drucaroff de que el cuerpo tiende a aparecer en las obras de estos años como "trampa que no se puede eludir" o como "único paraíso" (446), pero sus observaciones sirven como punto de partida para ubicar la mirada en la singular relación cuerpo-escritura-relato biográfico.

Sobre la distinción entre el "ser por la carne" y el "ser por la palabra", Boltanski desarrolla su planteo del problema del "engendramiento-aborto" en los distintos momentos históricos a medida en que varía la forma de confirmación por la palabra –ésta queda dada por Dios, por los padres legítimos, por el Estado industrial o por el "proyecto parental" (Calise 131). Esta cronología funciona para el caso francés pero no puede aplicarse directamente al contexto argentino, en donde Calise identifica elementos de los dos últimos arreglos vinculados ante todo con diferencias de clase; así como también elementos del arreglo con el creador en su versión secular a partir de la personalización desde la fecundación en el Código Civil (Calise 144). La definición dada por el Estado, en tensión en el caso de los "abortos vivientes" por no ser funcionales a una reproducción productiva, aparece ligada también al "proyecto parental" que Boltanski sitúa como una nueva inflexión del funcionalismo capitalista a partir de los años '70, cuando se amplía y racionaliza la distribución de métodos anticonceptivos y se legaliza el aborto en varios países (Bohlender 259). En este marco, nacimiento y aborto requieren de dos tropos extremos para coexistir que Boltanski denomina respectivamente "el feto auténtico" y "el feto tumoral"; para señalar cómo se necesita de "la inigualable existencia del feto cuando éste tiene espacio en el proyecto y de su extrema desvalorización cuando no encuentra espacio" (Bohlender 260). El "feto auténtico" es entonces el bebé deseado desde el primer momento, cuya llegada se ha planeado reflexivamente sin dejar nada librado al azar y está inserta en un cúmulo de discursos científicos, médicos y sociales que la constituyen en un dominio de saberes específico. En ese sentido, el "feto deseado" configura también los roles familiares particulares. Aquí nos interesa especialmente la maternidad entendida, tal como propone Nora Domínguez en su ensayo sobre las madres en la literatura argentina, en su carácter de "relación social" que genera "vínculos, prácticas, deseos, construye identidades, hace circular valores, cuerpos y discursos, produce creencia y es a su vez producida por ella" (Domínguez 39). Por otra parte, el "feto tumoral" aparece como un vacío de conocimiento: en él debe invertirse "la más mínima imaginación posible" (Bohlender 260) porque, análogamente al tumor, debe ser extirpado y está sujeto a un dispositivo médico y social que frecuentemente caracteriza al aborto como una mera intervención terapéutica. Esta oposición binaria es estéril si se la considera como estática y si se olvida su interacción con los elementos de otros "arreglos" (tal como indica Calise); más bien, constituye una herramienta útil para reflexionar sobre el aborto como práctica instalada en una compleja red de discursos en tensión[28].

Los "abortos vivientes" analizados hasta aquí ofrecen perspectivas particulares sobre esos extremos y los roles maternos que habilitan. En el caso de Yuna, se trata de lo que parece haber sido un "feto deseado" que, una vez nacido, puso en evidencia su condición inútil para el sistema de reproducción de sujetos normalizados. Con su nacimiento y el de su hermana, su madre carga con "olvido y monstruos" (Venturini 12). El "feto deseado" adquiere entonces un carácter paradojal en la medida en que su desarrollo defectuoso lo pone mucho más cerca del "feto tumoral". Sin embargo, es ese "aborto viviente" el elemento fundamental e imprescindible de la díada madre-hijo. La madre es la que define a las hijas como "errores de la naturaleza" y "monstruos" y así les otorga una identidad y reconoce su marginalidad, como también la de su vínculo materno dentro del proyecto social y político en el que está inserta. Ella, que es maestra de escuela de puntero y cree que "la letra con sangre entra" (Venturini 11), tiene dos hijas que no encajan en ese sistema, aunque Yuna en su rol de artista parezca tener espacios en los que encaja transitoriamente. Domínguez sostiene que "las sociedades y los estados siempre consideraron a la maternidad como una función social disponible para sus proyectos políticos" y que

> los gobiernos intervienen a favor o en contra del estatuto civil, de la salud, del trabajo o de la educación de madres y/o niños y ejercen su poder a través de un despliegue de normas que forman parte de lo que se conoce como biopolítica. (2)

La madre de Yuna está en el corazón mismo del mecanismo de reproducción social normalizador y son sus estándares los que la dejan presa de una maternidad "inútil", de dos "fetos tumorales" de la sociedad entera. Esos "abortos vivientes" determinan una maternidad indefectiblemente marginal, en donde la literatura opera desde un proceso de sin-

---

[28] Sobre los problemas y limitaciones de la propuesta de Boltanski, cfr. Calise, Santiago Gabriel (2016) "La condición fetal: una lectura desde la situación argentina".

gularización que de todas maneras queda retenido y enmarcado en "la fuerza simbólico-disciplinadora" (Domínguez 35) del relato materno.

De una manera similar, Esperanza Hóberal permanece también con su nacimiento en una suerte de limbo semiótico, que se define desde el principio por su carácter paradojal. Nadie la esperaba y sobrevivió lo que nadie resiste (cinco minutos de más en el cuerpo de su madre). Después de siete años de vivir a la sombra de su hermana "perfecta", tiene lugar su segundo nacimiento mediático y aquel que la define como "aborto viviente": la revista paraguaya que cubre la noticia del accidente la señala equivocadamente como la gemela muerta. Esperanza no es bella ni está destinada a triunfar en el mundo de los ideales *massmediáticos*, algo que su madre anhela cuando trata de que gane el papel de emperatriz Sissy en un acto escolar y le dice a la directora "es la única hija que me queda […] y necesito verla vestida de Sissy. Para mí va a ser como si mi…" y ahí se le quiebra la voz y aclara "usted sabe lo de mi otra nena, ¿no?" (López 53). En esa pausa, da a entender ya la condición imperfecta de Esperanza y más tarde aclara que nunca va a "llegar a nada", pues no tiene la "naturalidad" (López 54) para ser bastonera de comparsa. Domínguez explica que "la ejecución de prácticas concernientes a la maternidad implica un trabajo de transformación de los cuerpos" (Domínguez 39), en el que se ven involucrados tanto los cuerpos de las madres como los de los hijos. Sobre estos últimos, "las prácticas maternas realizan sus esfuerzos de transformación de la materia y sustitución simbólica" (Domínguez 40) y es así que la madre de Esperanza se afana en "producir" a su hija de acuerdo a ciertos estándares, aunque eso sea imposible desde el principio. Esperanza nunca fue propiamente un "feto deseado", y queda también del lado del "feto tumoral" que ha sobrevivido —en su caso, esa condición se define por no haberse adaptado a las figuras capaces de reproducir los ideales de la sociedad de consumo y no haberse ajustado a otra institución normalizadora y productora de cierto tipo de cuerpos: los medios masivos de comunicación—.

El Gauchito es un "feto deseado" que se ve sometido a un aborto contra la voluntad de su madre. Su potencia simbólica se invierte al llegar al mundo como un ser inacabado cuya carne solo puede confirmarse en la palabra y en la escritura. Las amigas que lo han hecho "nacer" lo adoptan rápidamente como hijo, generan la relación materna y una reflexión sobre el relato hegemónico de la familia, puesto que la "historia antigua" de las "dos chicas que se unen para buscar novio" en el caso de ellas no se resuelve en el hombre sino que "queda en proceso" (Aira 60). Y, en ese proceso, es que el hijo es algo tan raro, pues se trata de "un hijo a medio hacer. Juguetón, mimoso y bandido, pero monstruo, monstruo al fin, y eso es algo que un padre no podía aceptar tan fácil; una madre sí, a una madre no le importaba" (Aira 60). El Gauchito aparece legitimado por la palabra, el hecho de que las madres lo acepten a pesar de todo es también "una forma de condensación, la historia se contraía a su menor tamaño" (Aira 60).

El "aborto" para Boltanski conlleva siempre un cierto componente de "irrepresentabilidad"; puesto que, si bien su práctica es legal (en Francia y otros países) y está institucionalizada en la medicina, todavía "carga un peso de aquello que se revela como un fracaso" (Calise 134). En contextos como el argentino, se suma además la carga proveniente de la clandestinidad en la que se lleva a cabo. Ese vacío de sentido que rodea al polo del "feto tumoral" parece, como hemos visto, adquirir una carga semiótica en el plano literario.

4. *Reflexiones finales, posibles perspectivas*

La carga de "fracaso" que conlleva todo aborto según Boltanski remite a la carga negativa de lo que se percibe como "incompleto". Como se expuso en la introducción, un embarazo que no se lleva a término es, como los "proyectos abortados", un proceso interrumpido. Aquello que no se concluye queda relegado a circuitos no legitimados, invisibilizados, que se vinculan en los imaginarios dominantes a lo abyecto y lo monstruoso. En este sentido, la literatura y el arte en general (si tomamos también como ejemplo la pintura de Yuna) aparecen como alternativas que pueden darle un cierto espesor sensible a esas existencias imposibles y hacerlas pensables en su complejidad. El aborto implica opacidad, especialmente en los ámbitos que lo tratan como si fuera dominio de un saber específico —tal como la medicina, la religión, la bioética, el derecho, la sociología, etcétera—. El aborto, como tema controvertido y todavía en profundo debate, es un terreno fértil para observar un sinfín de negociaciones simbólicas. Ahora bien, en las novelas que analizamos, fue posible ver cómo la literatura no pretende abogarse la transparencia (imposible de alcanzar) que estos discursos hegemónicos suelen atribuirse al referir a la cuestión: por el contrario, la literatura trabaja sobre los núcleos de su opacidad y asume y visibiliza la turbulencia de lo no aprehensible. Esta operación permite además recuperar aspectos del "sentido común" y de las tradiciones científicas y estéticas –por ejemplo, las relaciones del aborto con las concepciones de discapacidad, fealdad, deformidad, monstruosidad y creatividad– para resignificarlas. Si consideramos que la literatura, además de participar activamente en la construcción de imaginarios, "es un modo privilegiado de condensar evaluaciones sociales inexpresadas por una sociedad [...] un modo de condensar combates que están por tener lugar, o que comienzan a tenerlo, aún si la sociedad en la que ocurren no los percibe" (Drucaroff 435); la categoría de "aborto viviente" puede resultar un eje fructífero para pensar cómo se anudan en manifestaciones artísticas estas disputas discursivas, cómo construyen subjetividades y cómo contribuyen a reconsiderar marcos interpretativos establecidos.

Por otra parte, si el cuerpo aparece como "única certeza" en las obras de la Nueva Narrativa Argentina (Drucaroff 17); la categoría de "aborto viviente" puede ser útil para iluminar las configuraciones específicas de singularidades monstruosas y sus tensiones con el campo social. Como sostiene Le Breton, si el cuerpo es irreductible a la condición humana pero cada sociedad esboza diferentes aproximaciones para darle sentido y valor y para administrar los saberes en torno a él (8); es posible explorar a través de la literatura cuáles son las relaciones que los "abortos vivientes" establecen con la corporalidad y qué clase de subjetivaciones pueden proyectarse a partir de ellas. En esta misma dirección, podemos pensar a la literatura y al arte en general como espacios capaces de dar cuenta de la "estructura de sentimiento", en términos de Raymond Williams (179), es decir, de aquellos elementos dispersos que dan el tono de una época y que por estar muy "frescos" no han sido aún formalizados ni organizados, pero que tienen un rol central en la configuración de la sensibilidad de un momento histórico determinado.

En este sentido, el discurso literario sobre el aborto no sólo propone una destitución de los órdenes establecidos por disciplinas como la biología y el derecho; sino que también recupera las imágenes de estos "restos" corporales que no son ni económica ni políticamente productivos desde la óptica hegemónica y las carga de positividad creativa, la potencia necesaria para problematizar y proyectar nuevos dispositivos. Queda entonces pensar, para próximas lecturas y escrituras, como tarea política de la literatura una *construcción* de sentimiento, cimentada en la propuesta de nuevos esquemas de pensamiento que apuesten a la potenciación de las singularidades y la multiplicidad.

Bibliografía

Aira, César. *Yo era una chica moderna*. Buenos Aires: Interzona editora, 2015

Bohlender, Matthias. "La procreación humana. La sociología del aborto de Luc Boltanski". *Revista de Sociología* N° 22 (2008): 257-261 Disponible en: http://www.facso.uchile.cl/publicaciones/sociologia/articulos/22/2212-Bohlender.pdf [consultado por última vez el 8/10/2016].

Boltanski, Luc. *Soziologie der Abtreibung: Zur Lage des fötalen Lebens*. Frankfurt a. M.: Suhrkamp, 2007.

Calabrese, Omar. *La era neobarroca*. Madrid: Cátedra, 1999.

Calise, Santiago Gabriel. "La condición fetal: una lectura desde la situación argentina". *aposta. revista de ciencias sociales* N° 68 (2016): 126-148 Disponible en: http://www.apostadigital.com/revistav3/hemeroteca/sgcali2.pdf [consultado por última vez el 20/06/2017].

Carzoglio, Lucila. "Pum para arriba, pum para abajo. Entretenimiento y trauma en *La asesina de Lady Di*, de Alejandro López". *Revista afuera. Estudios de crítica cultural* (2010). Disponible en: http://www.revistaafuera.com/articulo.php?id=223&nro=8#n1 [consultado por última vez el 20/02/2016].

Citro, Silvia. "La antropología del cuerpo y los cuerpos-en-el-mundo. Indicios para una genealogía (in)disciplinar". En: Citro, Silvia. *Cuerpos plurales. Antropología de y desde los cuerpos*. Buenos Aires: Editorial Biblos, 2010.

Corbin Alain, Courtine Jean-Jacques y Vigarello Georges. *Historia del cuerpo. Volumen III. Las mutaciones de la mirada. El siglo XX*. Madrid: Taurus Historia, 2006.

Domínguez, Nora. *De dónde vienen los niños. Maternidad y escritura en la cultura argentina*. Rosario: Beatriz Viterbo Editora, 2007.

Drucaroff, Elsa. *Los prisioneros de la torre. Política, relatos y jóvenes en la postdictadura*. Buenos Aires: Emecé, 2011.

Foucault, Michel. *Historia de la sexualidad. La voluntad de saber*. Buenos Aires: Siglo XXI Editores, 2011.

---. *Nacimiento de la biopolítica: curso en el Collège de France: 1978-1979*. Buenos Aires: Fondo de Cultura Económica, 2007.

---. "Topologías. Dos conferencias radiofónicas". En *Fractal* N° 48, año XII, volumen XII (2008): 39-40. Disponible en:

http://hipermedula.org/wpcontent/uploads/2013/09/michel_foucault_heterotopias_y_cuerpo_utopico.pdf [consultado por última vez el 21/10/2016].

---. *Los anormales*. Buenos Aires: Fondo de Cultura Económica, 2014.

Giorgi, Gabriel. "Política del monstruo". Revista Iberoamericana, Vol. LXXV, N° 227 (2009): 323-329.

---. *Formas comunes. Animalidad, cultura, biopolítica*. Buenos Aires: Eterna Cadencia Editora, 2014.

Guerrero, Leila. "Quién le teme a Aurora Venturini". Disponible en: http://www.gatopardo.com/reportajes/quien-le-teme-a-aurora-venturini/ [consultado por última vez el 20/06/2017], 2012.

Guerrero, J. y Bouzaglo, N. "Introducción. Fiebres del texto-ficciones del cuerpo". En: Guerrero J. y Bouzaglo N. *Excesos del cuerpo. Ficciones de contagio y enfermedad en América Latina*, Buenos Aires: Eterna Cadencia, 2009.

Gutiérrez, María Alicia. "Todo con la misma aguja: sexualidad, aborto y arte callejero". En Gutiérrez, María Alicia (comp.) *Voces polifónicas. Intinerarios de los géneros y las sexualidades*. Buenos Aires: Ediciones Godot Argentina, 2011.

Klein, Laura. *Entre el crimen y el derecho. El problema del aborto*. Buenos Aires: Booket, 2005.

Le Breton, David. *Antropología del cuerpo y modernidad*. Buenos Aires: Nueva Visión, 2002.

Link, Daniel. "El pintor de la vida moderna". Reseña en *Linkillo (cosas mías)* (2004). Disponible en: http://linkillo.blogspot.de/2004/12/resea.html [consultado por última vez el 08/10/2016].

López Alejandro, *La asesina de Lady Di*, Adriana Hidalgo editora, Buenos Aires: 2001

Nancy, Jean Luc. *Corpus*. New York: Fordham University Press, 2008. Disponible en http://m.friendfeedmedia.com/185f8136e6a9282e4527b0170c252e0ad8364209

Rancière, Jacques. *El espectador emancipado*. Buenos Aires: Manantial, 2010.

Rocca Vásquez, Adolfo. "Ontología del cuerpo y estética de la enfermedad en Jean Luc Nancy; de la téchne de los cuerpos a la apostasía de los órganos". Proyecto de Investigación N° DI- 08-11/JM – UNAB Desarrollado por el Dr. Adolfo Vásquez Rocca: "Ontología del cuerpo en la Filosofía de Jean Luc Nancy, Biopolítica, Alteridad y Estética de la Enfermedad". Financiado por la Dirección de Investigación y Doctorado. Universidad Andrés Bello – Chile – Fondo Jorge Millas 2011-2012, Facultad de Humanidades y Educación UNAB.

Disponible en: http://revistadefilosofia.com/44-04.pdf

---. *El reparto de lo sensible. Estética y política*. Buenos Aires: Prometeo Libros, 2014.

Salles, Arleen L. F. "VII: El aborto". En *Bioética. Nuevas Reflexiones sobre debates clásicos*. Buenos Aires: Fondo de Cultura Económica, 2008.

Schwarz, Patricia. "Influencia de las representaciones sociales de la maternidad en la construcción de identidad femenina en mujeres jóvenes de clase media urbana", (2005). Disponible en: http://webiigg.sociales.uba.ar/iigg/jovenes_investigadores/3Jornadas Jovenes/Templates/Eje%20identidad-alteridad/Schwarz-identidad.pdf [consultado por última vez el 11/10/2016]

---. "Experiencias y significados del dolor durante el parto en mujeres jóvenes de sectores socioeconómicos medios y bajos de la Ciudad de Buenos Aires". En *Actas del I Encuentro Latinoamericano de Investigadores sobre Cuerpos y Corporalidades en las Culturas*. Ciudad: Editorial Investigaciones en Artes Escénicas y Performáticas, 2011. Disponible en: http://red.antropologiadelcuerpo.com/wp-content/uploads/Schwarz-Patricia-GT3.pdf [consultado por última vez el 11/10/2016].

Venturini, Aurora. *Las primas*. Buenos Aires: Random House, 2009

Williams, Raymond. *Marxismo y literatura*. Buenos Aires: Las cuarenta, 2009.

DE LA INVISIBILIDAD A LA DESINDIVI-DUACIÓN
La desintegración corporal como posibilidad probable en *Alrededor de Shannon* de Martín Dubini.

Romina Wainberg

Noticia de la autora:

Romina Wainberg es Especialista en Escritura Narrativa por Casa de Letras, Licenciada en Letras por la Universidad de Buenos Aires, Facultad de Filosofía y Letras, y Magíster en Estudios Hispanoparlantes por la Universidad de Glasgow. Como docente, fue miembro de la cátedra de Comunicación del Instituto Tecnológico de Buenos Aires y dictó talleres de escritura creativa en diversos espacios culturales independientes. Como investigadora, participó de proyectos de grado y de posgrado vinculados con la teoría literaria, la estética y las teorías críticas de la corporalidad; su tesis de maestría, desarrollada en este marco, analiza el vínculo entre normatividades de género y literatura argentina contemporánea. En la actualidad, está por comenzar su doctorado en Culturas Ibéricas y Latinoamericanas en la Universidad de Stanford.

De la invisibilidad a la desindividuación

1. *Introducción*

Dos novelas del mismo nombre constituyen modelos en apariencia opuestos de abordaje de la invisibilidad humana en mundos ficcionales literarios: *El hombre invisible* (1952) de Ralph Ellison y *El hombre invisible* (1897) de H.G. Wells. En la primera, un hombre se convierte en "invisible" ante la indiferencia que provoca su contexto (Morel 23); en otras palabras, la invisibilidad es concebida metafóricamente como indiferencia social. En la segunda, un hombre se hace en efecto invisible a través de un experimento pseudocientífico (Sirabian 384). Amén de las diferencias entre los dos abordajes, y de las interpretaciones intermedias de la novela de Wells en términos alegóricos (Skorburg 85), estos modelos comparten dos presupuestos fundamentales: en primer término, la invisibilidad es provisoria; en el caso del texto de Ellison como en el de Wells, se supone que existe para la invisibilidad un antídoto de naturaleza social y/o química capaz de revertirla[29]. De manera complementaria, esa posibilidad de revertir un estado de invisibilidad de hecho no depende sólo de la voluntad o de la pericia del hombre invisible, sino de la predisposición y/o de la capacidad correlativa del contexto de volver a ver a ese hombre[30].

Alrededor de Shannon de Martín Dubini se aparta de los dos modelos anteriores pero conserva sin embargo sus dos presupuestos elementales. Publicado por Batt&Ríos en diciembre de 2015, el libro reúne una colección de cartas firmadas por un tal Steve y dirigidas a su ex pareja Shannon en las que se registra que Steve ensaya una modalidad más prosaica, más accesible, de invisibilización: se encierra en su departamento. Es decir, escapa literalmente del campo de visión del "mundo exterior" (Du-

---

[29] En la novela de Ellison, se supone que la eliminación de la segregación racial puede conducir a la abolición de la invisibilidad social. En el caso de la novela de Wells –amén de que la actitud del personaje lo lleve finalmente al abandono de la búsqueda de un antídoto–, un episodio previo a esta decisión lo exhibe en la habitación de una posada en la que "yacían los cristales de media docena de botellas rotas" (Wells 1897); botellas de pócimas con las que el personaje experimenta para revertir el estado de invisibilización.

[30] Si bien este aspecto parece ser más evidente en la novela de Ellison que en la novela de Wells, esa apariencia es el resultado de obviar que –para que un cuerpo humano sea visible para otros– los otros deben poder ver a ese cuerpo. En una palabra, lo que por sus características es invisible para ciertos hombres no tiene por qué ser visible para todos; y lo que el hombre en tanto que especie no es

bini 11). Al mismo tiempo, la precariedad del modo de invisibilizarse de Steve arroja luz sobre las razones por las que los presupuestos mencionados se cumplen: la invisibilidad es provisoria y se precomprende que existe para ella un remedio en la medida en que basta que Steve o que cualquiera cruce la puerta de su departamento –incluso, que ese cualquiera espíe por la cerradura– para que ese estado de invisibilidad sea puesto en peligro. En este marco, si para revertir la invisibilidad en la novela de Ellison era necesaria una modificación macro de orden social y para revertirla en la novela de Wells era preciso descubrir la composición compleja de una pócima, en el caso del libro de Dubini el antídoto parece estar tan a la mano que centrar el libro en su búsqueda parece absurdo.

No obstante, *Alrededor de Shannon* insiste en demostrar lo contrario. Insiste en probar que el retorno a la visibilidad puede ser a cada página más difícil; en cuanto que, dada la situación particular del personaje de Steve, sostener en el tiempo el estado de invisibilidad equivale a ir aumentando en forma exponencial las probabilidades de su perpetuación. Esto quiere decir que Steve experimenta una trayectoria que no sólo garantiza la permanencia de su estado de invisibilidad, sino que lo aleja cada vez más de volver a aparecer en el campo de visibilidad de los otros. Y esto aun cuando, en rigor, lo único que hace el personaje es permanecer encerrado en el perímetro de un monoambiente.

La hipótesis preliminar de este análisis es que la posibilidad de perpetuar en el tiempo un estado de invisibilidad tan precario como el de Steve es explicable en virtud de dos hechos fundamentales. Estos hechos, que pueden ser entendidos en tanto reformulaciones de los presupuestos mencionados en los párrafos anteriores, son: la imposibilidad eventual del personaje de reestablecer contacto con el mundo exterior y la indiferencia del mundo exterior respecto del personaje. Esta imposibilidad y esta indiferencia se presentan, respectivamente, como consecuencias desprendidas de dos fenómenos complementarios: el auto-secuestro y el abandono. A través del estudio de estos fenómenos, este trabajo intentará constatar que ellos operan: primero, como garantías de la perpetuación de la invisibilidad de Steve; en segundo término, como vías que conducen al personaje desde su estado inicial de invisibilización hacia una instancia de despersonalización y, potencialmente, de desintegración corporal. De arribar a esta

---

capaz de ver por sus limitaciones particulares no tiene por qué ser invisible para otras especies (especialmente, para otras especies ficcionales).

conclusión, el presente análisis estará además en condiciones de discutir ciertas propuestas filosóficas en cuyo marco esa desintegración corporal es impensable por vía de un estado de invisibilización sostenido y de un hermetismo extremo[31].

En específico, los próximos dos apartados se concentrarán en los fenómenos mencionados que consolidan la invisibilidad de Steve y que hacen del retorno de Steve a la visibilidad un escenario cada vez más improbable: el fenómeno progresivo del auto-secuestro, que atañe a modalidades de encierro por las cuales la experiencia del personaje pasa a transcurrir en regiones cada vez más hondas de su interioridad y, por tanto, más alejadas de la experiencia del mundo extra-Steve; y el fenómeno constante del abandono, que refiere al hecho de que este itinerario de solapamiento abismado no es interrumpido jamás puesto que ningún personaje reconoce, convoca o exige el regreso del cuerpo de Steve a la visibilización. El último apartado estará enfocado en las ramificaciones posibles de este estado de invisibilidad sostenido en el tiempo y en la crítica que ellas permiten establecer hacia dos teorías de la individuación psico-social[32]: la teoría que el mismo Steve despliega en el marco de *Alrededor de Shannon* y la filosofía de la individuación psíquico-colectiva de Gilbert Simondon; con la que el pensamiento de Steve sobre la identidad posee ciertos puntos de contacto. Finalmente, esta crítica permitirá constatar que el itinerario del personaje de Steve desde la invisibilidad hacia la desindividuación no es, aunque extraordinario, imposible[33].

---

[31] Se trata, de hecho, de teorías según las cuales lo que es inconcebible en primer lugar es la perpetuación del estado mismo de hermetismo en el que acaba el personaje de Dubini.

[32] Tanto la teoría de Steve en *Alrededor de Shannon* como la teoría de Simondon presuponen que el hombre en tanto que especie es sólo uno entre los modos posibles de especificarse de un cuerpo; ese modo particular de un cuerpo de especificarse, de individuarse, tiene como característica fundamental el desarrollo de una dimensión psico-social o psíquico-colectiva. Como se explicará con mayor detalle en los apartados que siguen, que sea inherente al hombre su dimensión psico-social implica que su psiquis no subsiste por fuera de la dimensión social que la atraviesa al mismo tiempo que la excede; en este marco, el individuo-hombre es el único "ser que se representa su acción a través del mundo como elemento y dimensión de ese mundo" (Simondon 40).

[33] Es sustancial en este punto subrayar la distinción entre la noción de 'despersonalización' y la de 'desindividuación'. De acuerdo con la teoría de Simondon con la que este trabajo pretende discutir, la individuación corresponde al proceso de constitución de un individuo; incluyendo tanto sus especificaciones corporales

2. *Auto-secuestro. Reclusión e introspección como vías de consolidación de un "campito de concentración mental"*

El recorrido de Steve desde su iniciativa de permanecer invisible hasta la consolidación de esa invisibilización puede comprenderse en términos de dos modalidades de auto-secuestro complementarias: una, referida al retiro permanente del cuerpo del personaje del ámbito público y a su correlativo confinamiento en el ámbito doméstico; otra, referida a la interioridad del personaje cada vez más plegada y vuelta a plegar sobre sí. Puesto que es posible identificar una de las modalidades como condición de proliferación de la siguiente, se analizará cada una de manera autónoma. En virtud de esta autonomía relativa, se aludirá a la primera modalidad con el nombre de "reclusión" y a la segunda con el nombre de "introspección"[34].

2.1 *Reclusión*

La reclusión como primera modalidad de auto-secuestro es caracterizada por un hecho fundamental: el personaje no abandona o abandona lo mínimo indispensable el "cubo" (Dubini 46) de su espacio doméstico. Este cubo es no sólo estrecho en términos de su dimensión sino que el cuerpo se ubica en el espacio de su estrechez a espaldas del "cielo que ven sólo los que no quieren escribir sobre sí [...] y piensan todavía en las cuestiones extramuros" (Dubini 39). En este contexto de repliegue, si pudiera sintetizarse a través de un plano arquitectónico o de una toma cinematográfica el espacio promedio en el que se desplaza la materialidad del cuer-

---

como la dimensión psíquica y/o psico-social que tiene su asiento en el modo de existencia de ese cuerpo específico. En el marco de esta teoría, desindividuarse por completo implica (también) desintegrarse corporalmente; la noción de 'despersonalización', en cambio, sólo atañe al individuo en su dimensión psico-social.

[34] Lo anterior no supone identificar la primera forma de encierro con la dimensión física de Steve y la segunda modalidad con sus "acontecimientos mentales" (Ricoeur 10); de modo que pueda hablarse "un único referente dotado de dos series de predicados, predicados físicos y predicados psíquicos" (Ricoeur 9). Lejos de presuponer un divorcio entre pensamiento y cuerpo, la escisión teórica sugerida compromete la preeminencia de uno u otro modo de Steve de vincularse con el "mundo exterior"; de manera tal que el propio concepto de "mundo exterior" difiere de una modalidad a otra. En este sentido, la pertinencia de la diferencia-

po de Steve, ambos captarían el ámbito mínimo de "20 centímetros" (Dubini 36) que hay entre la computadora y "la posición horizontal contra las sábanas" (Dubini 36). En una u otra de estas posturas polares en el eje de coordenadas, Steve no hace sino "perder los días [...] cosiendo una metáfora" (Dubini 84). Esto implica que las únicas dos acciones básicas que realiza Steve son acostarse y escribir, o escribir en dos posiciones opuestas y por medio de dos soportes: uno, el del espacio externo del procesador de texto; otro, el del espacio interno mental. Hábitos básicos adicionales como bañarse y/o comer no son referidos en ninguna carta y, como suplemento de este abandono de las acciones de supervivencia vital, Steve practica la despersonalización vía el borramiento de sus límites con respecto al "brillo neural de la pantalla" (Dubini 36). Si bien este borramiento será estudiado con mayor propiedad en el marco del análisis sobre la introspección, su mención es relevante en cuanto que tiene por consecuencia la prolongación del hábito de recluirse. En el marco de ese hábito cada vez más extendido, compenetración con la pantalla equivale a preservarse en el confort sedentario "de producir gilada en serie, gilada concentrada [...] sentido que se desparrama antes de hacer efecto" (Dubini 93)[35]. Al tiempo que este sedentarismo se extrema, "el perímetro del aislamiento es cada vez más angosto" (Dubini 51) y eso es geométricamente cierto en cuanto que las opciones de localización del cuerpo se reducen al área en que se encuentra la computadora y el espacio la habitación[36].

---

ción entre "reclusión" e "introspección" depende de que se demuestre que cada modalidad supone un concepto diferenciado de exterioridad.

[35] El hecho de que el sentido no llegue a hacer efecto permite sospechar que las cartas dirigidas a Shannon no fueron enviadas; sin embargo, un enunciado en sentido contrario habilita un espacio de ambivalencia que aquí será sólo referido en cuanto que será abordado con mayor profundidad en el siguiente apartado.

[36] En esta instancia de confinamiento que implica retirar el cuerpo del extramuros, sólo una traslación relevante en términos narrativos es referida en el presente de enunciación de las cartas: es la que conduce a la reclusión de Steve en un psiquiátrico. Amén de que el modo de trasladarse del departamento al hospicio es elidido, sí está explicitado que en el límite de este nuevo espacio "llevan [a Steve] sobre ruedas [...] bajo las luces blancas [...] entre los pliegues del camisón por el que baja una baba que cae desde los labios" (Dubini 88). En este contexto, no sólo el nuevo ámbito es otra modalidad de cubo, sino que Steve se desplaza al interior de ese cubo por medio de la acción de otros que no lo reconocen como Steve sino como paciente número. Este hecho ilustra el pasaje de la relativa inmovilidad de Steve en el ámbito doméstico hacia su inmovilidad total —en la medida en que el cuerpo trasladado está superficialmente en completa quietud–; así

Las limitaciones presentes del personaje cobran asimismo relieve por contraste con la espectacularidad de las acciones que, según las cartas, el personaje solía realizar en un pasado remoto. Inicialmente, Steve menciona escenas compartidas con Bruce Willis, el haber atestiguado "un caza 23/84 Airforce equipado con misiles rainbow" (Dubini 20), un episodio en el que él y Shannon aprenden a "bajar una ladera en cuatro patas y sacar[se] espinas con los dientes" (Dubini:79) y "una película de efectos especiales" (Dubini 43) filmada por Steve en sueños "que se llama *Sustancia Estelar Mónica*" (Dubini 43). Más tarde, el personaje evoca una época en la que hizo "un montón de estupideces" (Dubini 13) entre las que se encuentra su intento de seducir a Shannon por primera vez. En el marco de una fiesta en la que estaban "todos los pibes en manada [...] metiéndose cualquier cosa menos la música que estaba sonando" (Dubini 51), Steve se le acerca a Shannon bailando con un estilo que denomina "mantis", mientras que Shannon se aleja en lo que el personaje considera una manera

---

como también la despersonalización de Steve en número y el pasaje de la autonomía de Steve hacia su sujeción a la voluntad de "el doc" (Dubini 87). No obstante, y en cuanto que el personal médico desplaza desconociéndolo a Steve "en sintonía con todas las inercias, por un canal sereno sin percances" (Dubini 88); la pérdida de autonomía no es aprehendida a los ojos de Steve como un costo sino como un doble beneficio: No solamente Steve queda eximido de tener que moverse a sí mismo, sino que permanece protegido e inmunizado ante la irrupción potencial de amenazas externas. En ese sentido, las cartas celebran este segundo nivel de reclusión atribuyéndole los nombres especiales de "desierto, tecno, subsunción, circuito cerrado" (Dubini 88). Además de la presentada, el texto hace referencia a dos traslaciones más que, aunque no literal o explícitamente, pueden ser interpretadas también como modalidades de reclusión. Las primera forma de traslación, en estrecha vinculación con el desplazamiento pasivo del internado y con el traslado en sintonía con la inercia, es la del momento excepcional en que Steve es movido "sin compañía en [un] colectivo" (Dubini 57). Aquí, Steve es trasladado por el transporte desde el que mira "toda clase de mujeres [...] que están en otros colectivos" (Dubini 30). En este contexto, la reclusión presupone establecer una distancia infranqueable entre su ubicación en el espacio y el de aquellas mujeres que son miradas; de manera tal que la movilidad en dirección a lo que se observa es imposibilitada por la separación irreductible entre un colectivo y otro. Una escena similar a la previa es registrada cuando Steve es trasladado por "un vagón de subte" (Dubini 72) en el que no sólo la inmovilidad deja caer "un hilo de baba" (Dubini 72), sino que la atención es focalizada en "un punto de dos metros cuadrados por el que [...] parece que estoy en casa" (Dubini 72). En este marco, incluso los espacios que obligan al desplazamiento son asimilados a los espacios de encierro.

sensata de huir[37]. En un raconto posterior, que elide pero presupone un recorrido desde el rechazo hasta la eficacia de las estrategias de seducción de Steve, se refiere la instancia en que él toca la cintura de Shannon en una escena en la que no estaban "haciendo cuerpo a tierra en la mugre de las sábanas sino la ternura, el doggy style, el fuck me yeah y la mashete posición" (Dubini 34). Como contraparte de la escena anterior pero sin abandonar el léxico erótico-pornográfico, Steve recupera el instante en que con Shannon hicieron "el porno permanente/horizontal de la opinión sobre cualquier cosa" (Dubini 22); es decir, el establecimiento de un vínculo comunicativo. Esto –la comunicación, el contacto sexual– dura apenas algunos meses hasta que Shannon toma la decisión no correspondida de la ruptura.

A pesar de que la separación de Steve y Shannon es introducida en una carta posterior a los enunciados que verifican la reclusión presente, las cartas explicitan que el episodio de ruptura es cronológicamente previo a la instancia de escritura. Lo anterior sugiere que es entonces y en virtud de la separación que el personaje registra: "empecé a medir" (Dubini 22). Este ademán de medición que motiva el primer gesto de reclusión, se extiende y empieza a ser motorizado por un segundo grado de repliegue que es el de una pronunciada introspección.

2.3. *Introspección*

La introspección, entendida como segundo grado de pliegue o como modalidad de auto-secuestro complementaria a la reclusión, tuerce la mirada hacia el interior del cuerpo. En virtud de esta torsión, la atención de Steve reposa cada vez más y casi en forma exclusiva en lo que ocurre paredes adentro de sí mismo; de manera que todo espacio externo al interior del personaje ocurre a cierta distancia de su experiencia. En este marco, si la reclusión colocaba una frontera entre el intramuros y el extramuros, lo que aquí se denomina introspección coloca una barrera adicional entre el intramuros como exterioridad y la interioridad del cuerpo de Steve.

---

[37] Aun en esa instancia pretérita en la que Steve todavía "acciona", se anuncia la tendencia introspectiva del personaje en la medida en que, cuando conoce a Shannon y muestra por ella algún interés, sus amigos explicitan: "No te da el pinet, Steve, compite en otra liga, vive realmente entre las cosas tangibles [...] lo suyo es la praxis" (Dubini 51).

Entre los fenómenos que discurren en el cerco de esa interioridad, la atención se detiene primero en el estado y en la envergadura de los órganos vitales. En términos de esta envergadura, "las chispas que gotean del alambre azul, frágil, de la sinapsis" (Dubini 11) tienen precedencia respecto de cualquier otro órgano y cualquier otro órgano tiene además precedencia respecto de cualquier acontecimiento experiencial. Visto a la luz de esta dependencia, Steve se considera "una unidad de operaciones [...] en un plano vertical/horizontal" (Dubini 11). En cuanto que el funcionamiento de los órganos es considerado el soporte indispensable de la experiencia, la intuición muy clara de las "las fibras que conectan los ojos al cerebro" (Dubini 73) y del "ajetreo abdominal" (Dubini 15) se atribuyen cada cual a los órganos respectivos y al mismo tiempo a la actividad persistente de la sinapsis. Del mismo modo, las sensaciones de "220 grados bajo cero metidos en el pecho" (Dubini 64) y de "una bola seca de algodón en la garganta" (Dubini 24) son, antes que inteligidas y deformadas por la mediación de la escritura, percibidas intuitivamente en virtud de que los motores del organismo lo habilitan[38].

No obstante, y a pesar de que el deterioro de los órganos continúa afectando a Steve, la comunicación de esa aflicción es cada vez más desplazada por las cavilaciones vueltas sobre sí mismas. En este marco, si bien se reconoce que el pensamiento no puede sino ser un pensamiento encarnado que el funcionamiento de la sinapsis garantiza, la reflexión del pensamiento sobre la sinapsis comienza a ser desplazada por la reflexión del pensamiento sobre el pensamiento. En este sentido, el repliegue de Steve desde el extramuros hacia el intramuros, desde el intramuros hacia la atención en el funcionamiento de los órganos vitales y desde esa particular modalidad de introspección hasta esta última modalidad; traza un recorrido en función del cual la materia con la que interactúa el pensamiento es cada vez más abstracta hasta convertirse el pensamiento en materia de sí. En virtud de este modo de hacer "'gilada meta' o 'gilada de 2o grado'" (Dubini 36), no sólo la experiencia se reduce a transar con pensamientos, sino que éstos empiezan a tematizarse a sí mismos en un "loop continuo/discontinuo de las figuraciones" (Dubini 82). Arrastrado por ese *loop*

---

[38] La sinapsis como soporte total del funcionamiento del organismo debe entenderse presumiblemente en tanto que metonimia o presuposición respecto del funcionamiento de otros órganos sin cuya operatividad la supervivencia es impensable (el corazón, el aparato respiratorio, etc.).

De la invisibilidad a la desindividuación

o emergido en su seno, todo pensamiento acaba por convertirse en un pensamiento-mónada que se observa a sí mismo pensándose. La estrategia inicial que emplea el pensamiento para auto-observarse es la superposición de su discurrir sobre el "mundo exterior" que, en este estadio introspectivo, incluye tanto el paisaje del extramuros como los objetos extra-Steve ubicados dentro del ámbito doméstico. En el marco de esta primera fase, Steve escribe que "el atardecer [lo] está mirando serio con cara de 'fijate Steve, ya no me ensucies con esas conjeturas depre forjadas en los departamentos'" (Dubini 83); a lo que sucede otra instrucción del atardecer que anuncia: "hey, flojo masculino, dejá de untar [...] tus estados de ánimo sobre la forma pura que tengo de caer sobre las cosas" (Dubini 83)[39].

En lo que resulta auto-evidente, el presunto intercambio no es sino un monólogo o un diálogo entre dos pensamientos interactuantes; uno de los cuales es corporeizado o superpuesto al paisaje. En la misma dirección, cuando Steve observa en el fondo de las pantallas "algo sin luz y sin sangre [...] igual a mí" (Dubini 44), puede argüirse que ocurre una transferencia de los atributos de la pantalla a Steve o una asimilación de Steve de los atributos de la pantalla. Sin embargo, en cuanto que Steve no se refiere a esa pantalla sino a su "fondo", ese fondo es menos un componente de la pantalla que una superficie que se crea para ser ocupada por un pensamiento que reclama soportes para su propia contemplación. En el mismo sentido operan los procesadores de texto que son de importancia máxima en cuanto que gestionan las reflexiones que "puestas en el mundo [...] se dan de manera sucesiva una después de otra [...] puestas en mí, se dan todas a la vez como un caldo" (Dubini 35). En la medida en que los procesadores operan como encuadre de aquello que Steve piensa, su función es la de ser otro espacio en el que el pensamiento hace su mitosis auto-contemplativa. En un sentido similar opera la sentencia: "Miro al sol de frente [...] No pienso en nada. Estoy anestesiado. El sol me parece irrelevante" (Dubini 38). No obstante, esta última afirmación es cualitativamente distinta de las anteriores en dos sentidos: primero, en tanto que "no pensar en nada" es el epítome oximorónico del pensamiento que se piensa (no) pensando; segundo, en cuanto que introduce la existencia del

---

[39] El hecho de que el atardecer sea mencionado puede implicar el abandono de Steve de su posición habitual a espaldas del cielo (Dubini 39) pero no tiene por qué sugerir la interacción de Steve con el ámbito extramuros.

"respirador artificial" (Dubini 85) que Steve construye y que filtra a través de su mediación anestésica la totalidad de la experiencia.

El empleo de este respirador, en tanto que interfaz creada que vincula al tiempo que inmuniza a Steve ante la intromisión del extramuros (y del intramuros en tanto que exterioridad), es sucedido por el uso y la sofisticación crecientes de lo que Steve denomina su "búnker" o "galpón mental" (Dubini 86). Este galpón que el pensamiento construye en una torsión que le permite darse forma a sí mismo, tiene la función de operar como una frontera que separa aún más eficazmente al pensamiento refractario de la influencia de fuerzas exógenas. En este sentido, el galpón crea un espacio propicio para que el pensamiento pueda auto-contemplarse sin recurrir ni tematizar paisajes ajenos a sí; de manera tal que cualquier ámbito extra-meta-mental se vuelve prescindible. Sin embargo, esa frontera que separa un grado más el interior del cuerpo de Steve de su exterioridad encierra al pensamiento en un monoambiente reflexivo en el que el personaje acaba "escurriéndose dentro de los límites de su propio estado de ánimo" (Dubini 49). En el marco de esos límites, un "núcleo de gilada exagerada" (Dubini 14) se solidifica hasta alojar "una rave de sentimientos pésimos" (Dubini 38), "lamentos medio pussy de tipo [...] paranoico sentimental lúser" (Dubini 39), "un charco psíquico obsesivo" (Dubini 43), "una matriz típica del temple de los pibes confundidos" (Dubini 29) y "un bigbang invertido" (Dubini 48).

Esta acumulación centralizada de los pensamientos de Steve acaba con el derrumbamiento anímico del personaje en un "vector mental melanco" (Dubini 47) por medio del cual Steve se va quemando, "de afuera hacia adentro, como una espiral" (Dubini 47). No obstante, ese afuera es un afuera en el adentro en que la mente se consume desde la corteza hasta el núcleo. Y en ese espacio nuclear –aunque el pensamiento reflexione sobre la trayectoria de su consumición o precisamente porque no hace sino pensarla–, no deja nunca de ocurrir esa "aventura superpoblada de foros internos" (Dubini 82) que, llevada a su instancia álgida, conduce a "una gimnasia del autismo" (Dubini 82). En virtud de ese autismo como culminación del pensamiento monádico, no sólo la interioridad del personaje se asemeja al búnker que construye sino que, en cuanto que Steve no discurre más que en las paredes de esa interioridad, Steve *es* ese búnker[40].

---

[40] Si bien se trata aquí de una paráfrasis, Steve enuncia de manera explícita:

De la invisibilidad a la desindividuación

En el marco de esta modalidad de auto-secuestro que culmina en el extremo del autismo, la invisibilidad se consolida en cuanto que el cuerpo se sustrae cada vez más de la observación y del registro de todo fenómeno extra-reflexivo; de manera tal que el ámbito ya recluido del monoambiente vuelve a plegarse en los límites de un espacio mental que lo espeja y queda atrapado en su forma.

3. *Abandono. Pérdida de reconocimiento de sí e indiferencia del entorno como garantías de perpetuación del auto-secuestro*

El apartado anterior pareciera haber arribado a una conclusión capaz de resolver el primer problema planteado en la introducción de este estudio; a saber: cómo construir un verosímil tal que no sólo un personaje logre invisibilizarse por tiempo indeterminado con apenas encerrarse en su departamento, sino que el retorno a la visibilización de ese personaje sea cada vez improbable bajo las condiciones del relato. A este respecto, el apartado previo ofrece una explicación simple: la invisibilidad de Steve se mantiene y se perpetúa porque, una vez tomada la decisión de la reclusión, su introspección cada vez más abismada construye un búnker mental del que primero Steve no quiere y después no puede salir. Sin embargo, esta explicación es insuficiente por un motivo central: ésta no aborda el fenómeno constante que la introducción menciona y que podría atentar contra el estado de invisibilidad de Steve con prescindencia de la profundidad de su introspección; es decir: el abandono. O sea, la ausencia de reconocimiento y el olvido del cuerpo de Steve por parte de terceros. Tal como se expresa en la introducción, el retorno a la visibilidad de Steve puede no depender del propio Steve, en tanto baste que alguien cruce la puerta de su departamento o espíe por la mirilla su interior para que el estado de invisibilidad sea suspendido. No obstante, y de acuerdo con lo que las cartas registran, esto no ocurre.

Como el presente apartado intentará constatar, es esta ausencia de reconocimiento de Steve por parte de terceros, sumada a un progresivo desconocimiento de Steve de sí mismo que esta ausencia de terceros alimenta, lo que permite terminar de responder la pregunta por cómo es posible que el estado de invisibilización de Steve sea a la vez precario y

---

"Soy este búnker" (Dubini 39).

cada vez más difícil de revertir. La imposibilidad de revertir este estado es fundamental en cuanto que permitirá, en última instancia, justificar la plausibilidad del itinerario desde la invisibilidad hasta la desintegración.

3.1. *Pérdida de auto-reconocimiento*

Tal como acaba de sugerirse, uno de los hechos que contribuye a la imposibilidad de Steve de retornar a la visibilidad es que el personaje no termina de reconocerse a sí mismo como un sí mismo. En la medida en que Steve no termina de reconocerse, no puede rescatarse del búnker que él mismo construyó. En otras palabras, Steve no puede rescatar a nadie a quien no reconozca como tal, como alguien susceptible de ser rescatado; y eso aún o sobre todo cuando aquel que precisa ser rescatado es él. Si bien la falta de reconocimiento de sí es particular de Steve, ésta se vincula con el pensamiento general del personaje sobre la identidad de cualquier individuo psico-social según el cual la suya —tanto como la de cualquiera, también la de Shannon—, es aprehensible en la forma de múltiples versiones móviles. Según esta teoría, todos "leen o escuchan la palabra 'yo', la tallan sin querer en la conciencia" (Dubini 28) pero, en cuanto que esa "i griega al lado de la o" (Dubini 38) construye cuanto mucho un "pequeño espacio virtual" (Dubini 38), cada uno persigue inútilmente "su proyecto personal de ser persona [...] que no va, que no puede prosperar" (Dubini 68).

De acuerdo con Steve, la inconsistencia y la falta de prosperidad entre las versiones de un "yo" hacen impensable el pasaje de una a otra versión en términos progresivos; de manera que "tu mejor versión no existe" (Dubini 33). En este sentido, su perspectiva puede entenderse como una complicación particular de la teoría de Zygmunt Bauman, según la cual el proceso obligatorio de formación de la identidad "deviene en la labor de toda una vida, nunca completa del todo; no hay momento alguno de ese recorrido vital en que la identidad sea definitiva" (26). Si bien el pensamiento de Steve contempla el carácter no-definitivo de la identidad personal, discute a la teoría de Bauman su presupuesto implícito de que —a través de toda una vida— el "yo" va elaborando una identidad que se sofistica a pesar de no consumarse por completo. Desde la perspectiva de Steve, una versión del "yo" no tiene por qué ser más sofisticada o específica que la previa.

No obstante, el hecho de que las versiones no puedan concebirse en términos de "cualquier intuición de continuidad o progreso" (Dubini

28) no anula que éstas sean propias del individuo que las talla cada vez. En este contexto, Steve supone que siempre hay un "yo" al que las versiones remiten y/o del que las versiones emanan, pero "lo que se define con la i griega y la o" (Dubini 28) es constitutivamente inestable. Al mismo tiempo, las posibilidades combinatorias con las que se construye cada "yo" están condicionadas por un primer grado de abstracción que compromete "las determinaciones jevi del planeta" (Dubini 84) y por un segundo grado de abstracción o *close up* que es la época en la que son construidas. En esta sintonía, "la época siempre juega de local y ya tenés su inercia adentro" (Dubini 40); la libertad del "yo" en la construcción de sus versiones múltiples está condicionada antes de construirse. En el mismo sentido, se considera que hay "el espacio disponible del sentido común" (Dubini 58) en cuyo seno "show, denuncia y autopropaganda [...] no es lo que podés hacer, es lo que ya te hizo" (Dubini 40)[41].

En ese espacio estrecho por defecto de libertad amarrada a la época, la identidad de Steve se encuentra a la vez constreñida por el ámbito restringido en que se mueve y por la falta casi completa de registro de ese ámbito en tanto que éste es desplazado por el repliegue de la introspección. En cuanto que esa introspección empieza a pensarse solo a ella

---

[41] Es este pensamiento de Steve sobre la identidad el que puede ser entendido en términos de una teoría de la individuación psíquico-colectiva; es decir, una teoría sobre cómo se especifica o se concretiza la doble predisposición de los individuos humanos a auto-configurarse y ser al mismo tiempo configurados por "el socius" (Deleuze, Guattari 33). Según Deleuze y Guattari, éste opera como agente en el proceso de producción de identidades sociales a través de su función de "codificar los flujos del deseo, inscribirlos, registrarlos [...] que no haya flujo que no esté [...] regulado" (33). Sin duda, un modo alternativo o complementario de comprender este proceso de auto-configuración atravesado por el tejido social es el de "la noción foucaultiana de devenir sujeto-sujetado" (Seccia 2014, 41) habilitada por la articulación entre las nociones de biopolítica (Foucault 1997) y tecnologías del yo (Foucault 1990). A su vez, es posible postular que hay un intertexto sugerido entre las últimas observaciones de Steve sobre la configuración del "yo" y *La sociedad del espectáculo* de Guy Debord. En el marco de una lectura de este tipo, el hecho de que la época que condiciona las versiones del "yo" sea tal que "show, denuncia y autopropaganda" (Dubini 40) no constituya lo que ese "yo" puede ser sino aquello que "ya lo hizo" (Dubini 40); arroja luz sobre un específico momento histórico en cuyo seno "el espectáculo [...] no es un suplemento al mundo real ni su decoración superpuesta; es [...] el modelo presente de la vida socialmente dominante [...] la afirmación omnipresente de una elección ya hecha" (Debord 45). Asimismo, este modelo presupuesto y no electivo encuentra en la propaganda una entre sus formas particulares de encarnarse.

misma, no permite el ingreso de nueva materia pensable que la que puede extraer de sí. En la estrechez de este pensamiento replegado, Steve sabe que sus propias versiones deben estar siendo emanadas por la constancia de un sí mismo, pero es cada vez más incapaz de reunir, reconocer y convocar a ese "yo" que es él[42]. De acuerdo con el propio Steve, esta incapacidad se desprende de haber dejado de "interactuar con[sigo] en el régimen estándar de identidad personal" (Dubini 28); en el marco del cual el reconocimiento de un "yo" persiste aunque el "yo" se despliegue en conformidad con límites estandarizados.

Por fuera de esos límites pero atrapado en los suyos, Steve puede apenas retener que cada versión móvil le es constitutiva en el momento de su emergencia. No obstante, una vez hecho el pasaje de una versión a otra, la versión nueva puede dejar de reconocer a la previa. En la medida en que Steve anticipa que no reconocerá sus próximas versiones como propias, hace intentos (fútiles) de retener las versiones en el presente de su aparición para su reconocimiento retrospectivo en el futuro. El primero de estos intentos aparece en la forma de "un postit amarillo pegado en la tapa de la máquina" (Dubini 28) sobre el que Steve especula: "la letra parece mi letra [...] una versión anterior seguramente lo dejó plantado ahí a modo advertencia" (Dubini 28). Un intento ulterior supone "anotar en una hoja lo que acabo de pensar [...] guardarlo hasta mañana, hasta pasado mañana [...] y que todos lo sientan como yo [...] y que yo lo sienta como yo" (Dubini 45).

En el cerco de esta memoria de sí mismo de corto plazo, es significativo que el contraste que se traza entre Steve y Shannon durante las

---

[42] Este estado puede ser entendido como una modalidad extrema de lo que Oriana Seccia llama "propiocepción" (Seccia 2016, 126); ésta "aparece como una imposibilidad de salirse del mundo interior" y "diluye el mundo exterior: como el mundo exterior está diluido [...] la duda es el único modo de experiencia". No obstante, Seccia observa la propiocepción como el contrapunto de una "subjetividad plegada hacia afuera, en búsqueda de un afuera" (Seccia 2016, 128) que, en tanto tal, remite a "una experiencia que abre al sujeto al mundo, sin garantía de un retorno a su mismidad, sin síntesis [...] hacia un afuera no siempre reintegrable en términos de conciencia de lo vivido" (Seccia 2016, 128). En este sentido, para Seccia es particular de una subjetividad abierta al mundo una "experiencia que rehúye a un Yo capaz de atravesar un proceso acumulativo de formación"; no obstante, el caso de Steve ilustra que la introspección extrema también puede culminar en la imposibilidad de atravesar un proceso de formación acumulativo que garantice la integridad de un Yo estable.

De la invisibilidad a la desindividuación

cartas esté fundado en el hecho de que Shannon "se mira poco al espejo [...] vive realmente entre las cosas tangibles [...] no es compatible con el estilo psíquico rumiante" (Dubini 51). El hecho de que Shannon se mire poco al espejo sugiere que Steve se mira, por el contrario, mucho; lo que verifica la falta de reconocimiento de Steve por Steve y, correlativamente, la necesidad de reconfirmar en su corporalidad una unidad persistente que el personaje es incapaz de constatar en la inmaterialidad del "yo" de la "conciencia" (Dubini 28). Sin embargo, esa unidad no se descubre sino de manera indirecta a través de la contemplación reiterada de su reflejo; en tanto y en cuanto la constatación de que el reflejo existe permite a Steve concluir que existe su contrapartida (en otras palabras, si hay reflejo visible del otro lado del espejo, debe haber cuerpo de este). Al mismo tiempo, ese cuerpo que se descubre de este lado del espejo reconoce su naturaleza cualitativamente distinta de la imagen que de él depende en la medida en que esa imagen revela su naturaleza propia. En este sentido, en cuanto que el reflejo se cierra del otro lado del espejo como la utopía inalcanzable del que se observa, el que se observa se cierra sobre sí al otro lado y se reconoce en su densidad extra-utópica (Foucault 2010, 18). De este modo, el empleo reiterado del espejo por parte de Steve cumple la función de demoler la presuposición recursiva según la cual su vida no existe (Dubini 26).

Si bien Steve parece siempre haber vivido bajo la impresión de que su vida no existe o bajo el riesgo de tener esa impresión –de ahí el uso periódico del espejo para constatar que la presunción es errónea–; es posible argüir que esta impresión se agrava en la medida en que Shannon lo deja y continúa agravándose después de que Steve decide recluirse. Si es cierto que el hacer el amor permite el reconocimiento de uno vía el tacto de "los dedos del otro que me recorren" (Foucault 2010, 18); si el tacto del otro contribuye a liberar a uno de la impresión de que su cuerpo es "mera utopía" (Foucault 2010, 17), entonces el contacto sexual con Shannon operaba antes de la ruptura como paliativo de la propensión de Steve a desconocerse. Cada interacción, en ese contexto, constituía un recordatorio de que Steve *era* y de que no era otro que Steve. A partir de la ruptura, la ausencia del cuerpo de Shannon torna al espejo el único recurso disponible para que Steve reconozca la densidad extra-utópica de su propio cuerpo[43]. Si esto es así, puede suponerse que Steve escribe las cartas a Shannon precisamente para proveerse de una estrategia adicional de autorreconocimiento que presupondría el reconocimiento de Steve por Shannon; de modo que cada respuesta, al margen de su contenido y con prescindencia de la aparición física de Shannon misma, constataría en forma provisoria la existencia de Steve[44].

3.2. *Indiferencia del entorno*

A pesar de los intentos persistentes del personaje, la constatación de su existencia queda aplazada de forma indefinida dado que ninguna de las cartas que éste le escribe a Shannon es contestada. Si bien podría sugerirse que las cartas fueron en realidad respondidas pero eliminadas de la compilación *Alrededor de Shannon*, fragmentos de tipo "Shannon, no me contactaste" (Dubini 86), "cooperemos" (Dubini 53), "llamame" (Dubini 59) y "hablame, no te pido nada extraño" (Dubini 48) sugieren lo contrario. Sin embargo, tres opciones son todavía posibles en relación con la falta de respuesta y sólo una opera expresamente como ausencia de reconocimiento de Steve por parte de Shannon. En primer lugar y en forma constitutiva, "una carta puede siempre no llegar a su lugar de destino" (Derrida 26); es decir, es posible en términos estructurales que la cartas nunca hayan llegado a las manos de Shannon. En segundo lugar, es una opción que –como se ha sugerido en el apartado anterior y si el sentido de las cartas se desparrama antes de hacer efecto–, las cartas nunca hayan sido enviadas. Esta opción es plausible en cuanto que Steve debe dejarse recordatorios de tipo "Steve hacé esto" (Dubini 28); de lo que se despren-

---

[43] En este punto, pareciera haber una confusión entre la identidad en tanto que "yo" inmaterial y la materialidad del cuerpo que el espejo es capaz de evidenciar. En este marco, podría sugerirse que la imagen del cuerpo que el reflejo devuelve no es suficiente como para constatar que en ese cuerpo se encarna un "yo" suficientemente estable como para ser considerado "uno". Del mismo modo, la existencia de un "yo" estable no es condición suficiente para que ese "yo" sea asimismo consciente de su dependencia de un cuerpo. No obstante, dada la tendencia de Steve a la despersonalización, tanto los momentos en los que el "yo" inmaterial se estabiliza como los momentos en los que la materialidad del cuerpo se hace palpable, favorecen la interpretación de Steve como un sí mismo o único "yo" encarnado.

De la invisibilidad a la desindividuación

de que, si Steve olvida lo que tiene que hacer, entre lo que tiene que hacer pero olvida puede encontrarse el envío de las cartas. No obstante, uno de los textos es encabezado por la aserción: "No te voy a enviar esta carta" (Dubini 69); lo que sugiere que la falta de envío es un estado de excepción. De ser cierto lo anterior, la ausencia de reconocimiento de Steve por parte de Shannon coincide con la falta de respuesta a cartas recibidas que queda constatada, además, por el hecho de que —aun si el personaje no hubiera recibido las cartas y todavía en caso de que éstas no hubieren sido enviadas—; Shannon no hace el movimiento de contactar a Steve y por lo tanto demuestra a través de una falta de mostración su indiferencia.

Esta indiferencia es asimismo sugerida por la introducción de un episodio en que Steve pasa "54 minutos mirando fijo un punto rojo en la columna de contactos" (Dubini 23) mientras supone que Shannon está conversando "con un chabón inteligente que [la] seducía" (Dubini 23). Como contrapartida, "el punto verde de la columna de contactos de gmail" que lo representa a Steve es ignorado de modo que (Steve cree que) —si Shannon pensó en él alguna vez—, fue en virtud de "su diferencia e inferioridad con respecto al chabón fachero" (Dubini 23). El episodio anterior es significativo en cuanto que, además de constatar la indiferencia férrea de Shannon, exhibe el alcance del temperamento especulativo de Steve que reconstruye lo que Shannon hace y/o cavila sin evidencia. Este carácter especulativo que es habilitado en primer lugar por una introspección abismada, desconectada de las pruebas tangibles, es el que habilita que a la ausencia de contestación de las cartas no prosiga un cese de su escritura sino su continua reproducción. A la luz de las reflexiones previas, esta reproducción proliferante no puede sino concebirse como el producto de una conjetura de Steve que repone una y otra vez el contenido de respuestas posibles pero inexistentes.

Ahora bien, el curso lineal del análisis anterior es frágil en por lo menos un sentido: Toda su consistencia depende de la presuposición precrítica según la cual la existencia de Shannon en el extramuros del mundo ficcional del libro es dada por sentado. Si en efecto la especulación de Steve pasa por alto las pruebas tangibles y define el transcurso de sus acciones con prescindencia de las pruebas mismas, si la materia de la especula-

---

[44] En una palabra, sólo es posible responder a quien puede ser respondido y por lo tanto, o como condición de posibilidad de la recepción de ese respuesta, existe.

ción mental llega a fabricarse con el material de la propia mente, entonces no es impensable que Shannon haya surgido menos del recuerdo que de la conjetura. Puesto que las cartas no presentan a Shannon sino al contorno de Shannon que las cartas delinean, a lo que las cartas dan a entender que Shannon es en virtud de descripciones o recuerdos, es posible postular que Shannon es un constructo mental que Steve configura[45].

 Amén de su posible validez, esta última hipótesis exige un conjunto de aclaraciones: En primer lugar, sugerir que la naturaleza de Shannon es conjetural elimina la suposición mencionada según la cual las tendencias reclusiva e introspectiva ocurren con posterioridad a la ruptura amorosa; en la medida en que la construcción mental de Shannon es sólo postulable a partir de una introspección ya relativamente consolidada. En segundo término, sospechar que la existencia de Shannon emerge como una torsión del pensamiento no implica que su carácter sea producto de un "libre juego" de la imaginación generado por la "locura" inconsistente de Steve. En todo caso, lo que las cartas sugieren es un personaje cuya verosimilitud sólida habilita una encrucijada no resoluble que oscila entre la existencia de Shannon en el marco del mundo exterior ficcional y su existencia mental especulativa.

 Una hipótesis menos ambivalente con respecto a la existencia de personajes mencionados en las cartas es habilitada por las únicas dos que no son presuntamente escritas por Steve sino dirigidas a él. En el marco de esas cartas firmadas por sus amigos y por un personaje que se hace llamar Gary Frenkel, el tono de Steve se repite de modo tal que la posibilidad de que hayan sido escritas por otro es inverosímil. Esta inverosimilitud se extiende no sólo al estilo con los que las cartas están configuradas,

---

[45] Es pertinente recalcar que en este caso la separación con Shannon sería igualmente cierta en la medida en que, una vez capto en su propio "galpón mental" (Dubini 28), Steve es incapaz de interactuar con cualquier pensamiento ajeno a sus propios estados anímicos. En este sentido, si bien estos estados anímicos pueden evocar la imagen de Shannon como su propia justificación, la posibilidad de establecer contacto con Shannon como tal es imposible en esta instancia. En otras palabras, en este régimen de relación consigo mismo, Steve es incapaz de reunir el "yo" *de* sí mismo con suficiente coherencia como para establecer una relación con otro; del mismo modo en que es incapaz de reunir el "yo" de otro *en* sí mismo de forma que éste pueda establecer una relación con Steve. En todo caso, las cartas son intentos de reunir bajo dos significantes –"Steve" y "Shannon"– dos identidades suficientemente cohesivas como para ser consideradas

sino al contenido que tematizan. En primer lugar, la carta firmada por Gary Frenkel en el seno de la cual se recomienda: "ya no hagas el porno pseudo de las categorías, no bajes línea y evitá la perfo obvia del cinismo" (Dubini 40); se parece hasta confundirse con los auto-recordatorios de Steve por Steve. En la misma dirección, la carta firmada por sus amigos no sólo conserva el tono del personaje sino que en ella se enuncia que "Shannon [...] sólo tiene esa piel, esos pies y esa simetría en la forma de la cara que a vos te desarregla los sentidos" (Dubini 46). En lo que resulta patente, es improbable que los amigos se refieran a Shannon con esa "fuerza deseante" (Dubini 17); más en cuanto que la carta se abre explícitamente con el propósito de "ver [a Steve] mejor" (Dubini 46). En este marco, la construcción de los personajes es inconsistente de modo tal que, aún si existiesen individuos con ese nombre en el extramuros o en la torsión del pensamiento, su existencia aparece en las cartas apropiada y reducida por Steve al estatuto del alter-ego.

En cualquiera o en todos los casos, también en el de Shannon, la construcción más o menos verosímil de distintos destinatarios/remitentes no sólo prolifera por la introspección abismada de Steve, sino también porque ningún otro personaje interrumpe su repliegue introspectivo. En este sentido, si las modalidades de auto-secuestro evocadas en el apartado anterior sugerían una auto-invisibilización del cuerpo vía su retraimiento progresivo hacia una interioridad solapada, la invisibilización referida en este apartado aparece como efecto de la indiferencia del otro con relación al personaje. Este otro, toda vez que deja de reconocer a Steve mediante la ausencia de respuesta o convocatoria, contribuye a la propensión del personaje a desconocerse; de modo tal que la invisibilidad, garantizada por el auto-secuestro y el abandono, conduce a la potencial disolución de la identidad.

4. *Ramificaciones posibles: El optimismo de la salvación necesaria vs. La probabilidad de la desintegración inminente*

Dado que la compilación de cartas de *Alrededor de Shannon* empieza y termina *in media res*, sin ofrecer un estudio exhaustivo de las causas ni dar un veredicto sobre las consecuencias finales de la invisibilización de

---

verosímiles; y suficientemente verosímiles como para inferir de esa verosimilitud su existencia.

Steve extendida en el tiempo, varias interpretaciones quedan habilitadas. En este marco, los apartados anteriores intentaron recomponer con arreglo a qué causas y a qué condiciones el estado de solapamiento extremo de Steve puede considerarse verosímil. El resultado de ese análisis permitió determinar que, si bien varias hipótesis quedan abiertas por el carácter fragmentario del texto y por la falta de fiabilidad de Steve, el texto favorece una lectura particular según la cual el sostenimiento de esa invisibilidad queda explicado por: la tendencia de Steve a desconocerse a sí mismo como un "yo" estable, la falta de reconocimiento de Steve por parte de terceros y la trayectoria de Steve desde la reclusión física hasta la introspección abismada[46]. De acuerdo con esta dinámica, Steve no puede salvarse a sí mismo del búnker que creó porque no se reconoce como un sí mismo capaz de ser salvado; y esto se mantiene en el tiempo en la medida en que nadie extra-Steve interrumpe su repliegue cada vez más introspectivo.

Así como el texto favorece una serie de condiciones y de causas que justifican la situación del presente del relato, del mismo modo *Alrededor de Shannon* favorece una interpretación sobre las posibles ramificaciones futuras de ese estado de invisibilidad sostenido[47]. Las dos interpretaciones que quedan habilitadas una vez terminada la compilación son las siguientes: o bien Steve logra volver al campo de visibilidad de los otros como resultado de una resolución de sus problemas internos y/o como producto de la intromisión de un tercero que lo convoca; o bien Steve queda atrapado en ese estado de repliegue cuya consecuencia es el agravamiento del estado de sus órganos vitales ya deteriorados y, finalmente, la muerte. A los fines de este análisis, evaluar la opción más verosímil con arreglo al texto de Dubini es pertinente en dos sentidos: primero, en la medida en que esta opción contradice la teoría de Steve mismo sobre la identidad de los individuos psicosociales y, en segundo término, en cuanto que ésta permite discutir otras teorías afines sobre la individuación psíquico-colectiva.

---

[46] Dependiendo de si se considera a Shannon como configuración mental de Steve o como personaje extra-mental, la ruptura amorosa puede concebirse como un factor que agrava el estado ya introspectivo de Steve o que motiva la reclusión de Steve en primer lugar; respectivamente.

[47] Como intentará probar el análisis que sigue, comprender qué lectura favorece el texto en relación con las consecuencias de la invisibilidad de Steve permitirá explicar de manera todavía más consistente las condiciones y las causas de esa invisibilidad ininterrumpida.

De la invisibilidad a la desindividuación

Tal como se expresa en el apartado anterior, Steve presupone que todo "yo" talla una y otra vez en la conciencia versiones que son inestables, no-progresivas y discontinuas. No obstante, ese "yo" se ve impelido a volver a tallar una y otra vez estas versiones; de modo tal que –si bien "tu mejor versión no existe" (Dubini 33)–, un "yo" no queda nunca pendiente de versión. En otras palabras, aunque la identidad de todo "yo" sea inestable, no es una posibilidad para Steve que ella termine de diluirse o quede alguna vez vacante: la identidad es doblemente precaria y obligatoria. Al mismo tiempo, y en conformidad con la teoría del personaje, el individuo está siempre atravesado por la inercia y el sentido común de la época en la que le toca estar situado; de modo que su "yo" es a la vez personal, epocal y social. De acuerdo con el presente trabajo, este tipo de pensamiento tiene puntos significativos de contacto con una teoría de la individuación psíquico-colectiva de corte simondoniano. De acuerdo con Simondon, lo que caracteriza al modo de existencia humano es su naturaleza psico-social en virtud de la cual el individuo es siempre "un individuo de grupo" (40); un individuo que, para constituirse como tal, resuelve una problemática interna que lo lleva a "intervenir, en tanto sujeto, como elemento del problema por su acción; el sujeto se puede concebir como la unidad del ser en tanto que viviente individuado y como ser que se representa su acción a través del mundo como elemento y dimensión del mundo" (41). Es decir, el modo de ser humano presupone su participación en lo social y la injerencia de lo social en la configuración de la dimensión psíquica; y es sólo en virtud de su participación en un plano supraindividual que el individuo consigue la estabilidad que requiere para su supervivencia. En palabras de Simondon, "si el individuo se pone a sí mismo, pero nada más, en cuestión, no va a ser capaz de moverse más allá de los límites de la ansiedad, puesto que la ansiedad es un proceso sin acción, una emoción permanente que no puede ser exitosa en resolver las problemáticas de la afectividad" (41).

En lo que respecta a este trabajo, lo que es en particular relevante es que tanto Simondon como Steve consideran cierto fracaso como constitutivo de la individuación al mismo tiempo que excluyen el completo fracaso como alternativa posible: según Simondon, más allá de que el individuo no colme jamás su objetivo de establecer una identidad plenamente constituida, ésta alcanza siempre a asir una estabilidad relativa que permite al individuo sobrevivir en los límites de cierta coherencia[48]. Esto significa que el individuo está *obligado a* intervenir en el mundo para (re)constituirse y a resolver su problemática interna con prescindencia de la dificultad que ésta comprometa (42)[49]. Siguiendo esta línea, aun cuando "ese carácter no definitivo, esa naturaleza no concluyente de la tarea misma de la autoidentificación, ocasion[e] grandes dosis de tensión y ansiedad" (Bauman 26), esa ansiedad *debe* resolverse aunque para ella "no haya un remedio sencillo" (Bauman 27). En términos de la introducción del presente análisis y en referencia específica a la trama de *Alrededor de Shannon*, seguir una teoría como la anterior implicaría suponer no sólo que hay un remedio constitutivo capaz de revertir el estado de invisibilidad de Steve, sino que ese remedio tendrá que ser obligatoriamente empleado. Si el individuo está obligado a resolver en cada caso y de manera obligatoria su problemática interior abriéndose hacia o dejándose atravesar por el exterior, el escenario que prosigue a la última carta incluida en *Alrededor de Shannon* no puede sino ser el de Steve salvándose de algún modo de su estado de introspección abismada.

A pesar de que la interpretación previa queda habilitada por el carácter no concluyente de la última carta de Steve incluida en la compilación, no parece ser favorecida por el pensamiento que el libro de Dubini abre sobre la individuación como tal. En este punto, es sustancial reiterar que el pensamiento que el libro abre sobre la individuación no coincide y de hecho desarma la tematización que el personaje de Steve hace del concepto mismo de individuación psico-social. Para comprender la distancia que existe entre la postura del libro y la postura del personaje, es preciso demostrar que —si bien el único que tiene la palabra en la compilación es Steve o sus alter-egos— las acciones narradas evidencian que deben necesariamente existir contradicciones entre lo que Steve piensa que ocurre y lo que el libro da a entender que ocurre en realidad. Por caso, Steve expresa

---

[48] Por ejemplo, la de Steve cada vez que escribe y firma con su nombre una carta.

[49] Es pertinente destacar que, si bien la teoría de Steve es solidaria con la de Simondon en relación a la discontinuidad e inestabilidad de las versiones del individuo psico-social, la teoría de Simdondon no es contradictoria con una idea de progreso según la cual —en el proceso de disolución y reconformación del "yo" –, ese "yo" va amplificándose (es decir, es posible que ese "yo" sea cada vez más específico, más abarcativo o más amplio; las versiones no tienen por qué poseer el mismo estatuto como sí ocurre en el caso de las versiones teorizadas por Steve).

De la invisibilidad a la desindividuación

que el diferimiento de la aparición de Shannon es lo único que lo retiene "acá sentado, frente al espectáculo retro de lo que no hago/no hice/no voy a hacer jamás" (Dubini 84). No obstante, las cartas registran que a pesar de su voluntad de "limar los barrotes emo de la mazmorra existencial" (Dubini 93) y de escapar de su "campito mental de concentración" (Dubini 11), Steve no consigue salvarse a sí mismo del búnker que lo priva de abrirse al contacto en primer lugar. En otras palabras, la facultad de poder "hacer 300 cosas" (Dubini 40) que queda registrada por los recuerdos de su pasado con Shannon no puede ser ejercida en el momento del presente de enunciación de las cartas; y esto ocurre aun cuando Steve describe erróneamente esa imposibilidad como falta de voluntad.

Este particular caso del desfasaje entre lo que Steve describe y lo que ocurre es relevante por partida doble: en primer lugar, lo es en cuanto que —tanto como los ejemplos provistos en los apartados anteriores— contribuye a ilustrar la falta de fiabilidad de la percepción de Steve; esta falta de fiabilidad sirve en esta instancia para justificar que, aquello que devenga Steve como individuo, no tiene por qué ser solidario con el itinerario que el personaje mismo atribuye al proceso de individuación. En segundo término, este ejemplo es significativo porque permite no sólo poner bajo sospecha la credibilidad del pensamiento de Steve como tal, sino también la consistencia de su argumentación específica en relación con la individuación como concepto. En este marco, y en cuanto que la teoría de Steve comparte con la de Simondon ciertos supuestos fundamentales, *Alrededor de Shannon* permite discutir también la teoría simondoniana.

De acuerdo con este trabajo, el ejemplo propuesto habilita esta discusión al exhibir la diferencia entre dos modos de poder-hacer. El primer modo de poder-hacer refiere a la facultad inherente que un individuo tiene de ejercer una cierta acción, mientras que el segundo modo de poder-hacer refiere a la posibilidad del individuo de actualizar o de ejercer esa facultad. En el ejemplo citado, el primer modo refiere a la facultad que Steve posee de realizar "300 cosas", y el segundo a su imposibilidad coyuntural de ejercerla. Esto quiere decir que, del hecho de que un individuo posea una facultad, no se desprende su obligación o su necesidad de ejecutarla; ni siquiera, su posibilidad de hacerlo en todo o en cualquier momento. Esta ausencia de necesidad y/o de posibilidad del individuo de ejecutar todo aquello que constitutivamente puede, atenta contra la teoría de la individuación psico-social de Steve; en concreto, cuestiona la presunción de que el individuo debe sí o sí ejercer cada vez su facultad de tallar el "yo" de la conciencia que le es propio. A la par del debilitamiento de la teoría de Steve, *Alrededor de Shannon* permite discutir también un presupuesto fundamental de la teoría de Simondon: aquel que sostiene que el individuo debe necesariamente y cada vez resolver su problemática interna y devolver, como resultado de esa resolución, una nueva versión de su individualidad.

En virtud de comprender mejor la puesta en sospecha de esta presunción simondoniana, es preciso traer a colación la explicación que hace Simondon de cómo se lleva a cabo el proceso de individuación psico-social. A este respecto, la teoría de Simondon identifica que la condición de posibilidad tanto de la dimensión singular como social de la psique humana es la existencia de "una reserva pre-individual" (25); la reserva pre-individual es aquello en lo que reside la potencia de un individuo de devenir humano y de comunicarse con cualquier otro individuo de la misma especie. En este sentido, y si bien la reserva pre-individual implica un estadio de pre-formación del individuo, es por su modo de ser (o de devenir) específico que todo hombre tiene la facultad potencial de vincularse con otros en un plano que lo constituye al mismo tiempo que lo excede; un plano en que lo individual no se define nunca sin la injerencia de lo social y que por ese motivo Simondon denomina "plano transindividual" (26). En palabras de Steve, el "yo" no es nunca sin otro, aunque sea en ausencia; y no es nunca sin las determinaciones sociales impuestas por la época.

Ahora bien, según Simondon, en el pasaje de una versión a otra de cada individuación psico-social el individuo vuelve a sumergirse en la dimensión pre-individual que precede la formación del individuo y regresa de ella una nueva materialización de sí; como ocurre en el caso de la teoría de Steve, el "yo" tiene la capacidad de disolverse y de volver a reformularse en versiones consecutivas múltiples. En este contexto, lo que es fundamental y común a ambas teorías es que el individuo no tiene sólo la facultad de diluirse y de reformularse, sino que tiene la *necesidad* de ejercer esas dos facultades cada vez. De acuerdo con estos dos puntos de vista afines, el individuo psico-social está obligado a volver a actualizar una y otra vez su facultad constitutiva de poder abrirse o de ser inscripto por el plano social en virtud de aquello que comparte con los otros individuos humanos. Por complejo que sea el conflicto interno que retuviere al "yo" en una instancia u otra de disolución, por más demorado que parezca estar el "yo" en la dimensión pre-individual a la que vuelve a recurrir cada vez, no se concibe sino que el "yo" será capaz de sortear ese conflicto para re-individuarse. No obstante, si el acceso a la reserva pre-individual queda siempre abierto, si el hombre puede desindividuarse y re-individuarse en virtud de que el modo de individualización humano supone un acceso a aquello que precede su particular formación, entonces la posibilidad de que la desindividuación prevalezca en detrimento de la transindividuación es también una posibilidad constitutiva[50]. En otras palabras, la facultad del individuo humano de abrirse a los otros en el plano social no tiene por qué presuponer obligatoriamente su necesidad de hacerlo; y, de manera correlativa, la facultad inherente del hombre de poder acceder a la dimensión pre-individual abre su posibilidad inherente (aunque no obligatoria) de perder su propia individuación en ese plano.

Esta posibilidad de perder la individuación es fundamental en la medida en que, sin ella, el texto de Dubini es inverosímil. De aferrarse el lector a teorías como la de Simondon o la del propio Steve, que consideran imposible la alternativa de la desindividuación a pesar de que quede habilitada por sus propias posturas, no cabría sino pronosticar la salvación del personaje. Pero esa salvación es de todo punto improbable cuando se tiene en vistas la trayectoria que éste recorre. Steve, un individuo con propensión a desconocerse, una vez invisibilizado y abandonado por todos

---

[50] Esta terminología que reinterpreta el proceso de individuación como una relación entre dos maquinarias cuya preponderancia está por decidirse, en lugar de concebir este proceso como aquel en que la pérdida de individuación cede siempre ante el imperativo transindivualizante, proviene de la crítica que Bernard Stiegler realiza sobre la teoría de Simondon. De acuerdo con Stiegler, "la pérdida de individuación como la posibilidad efectiva del bloqueo del proceso occidental de la individuación psíquico-colectiva es algo que Simondon ni siquiera considera y que incluso rechaza" (Stiegler 54); no obstante, el acceso a la reserva pre-individual que habilita la transindividuación podría también habilitar la desindividuación como tal. El texto de Dubini, al configurar un personaje de especiales características y al colocarlo bajo ciertas condiciones excepcionales, crea las circunstancias específicas para que la maquinaria de transindividuación se retraiga y la de desindividuación actúe con escasa resistencia. En términos de Stiegler, podría incluso pensarse que el escenario contemporáneo en que *Alrededor de Shannon* se sitúa favorece el proceso de desindividuación en cuanto que la actual "maquinaria híper-industrial cibernética, que vuelve indiferente la lógica y la técnica, produce una logística en la que el cálculo es puesto al servicio de la desindividualización y la desingularización" (Stiegler 51). En esta dirección, la inercia de la época que Steve ya tiene adentro (Dubini 40) predispone el proceso de desindividuación de Steve que es exacerbado por su temperamento particular y por su ruptura amorosa con Shannon.

aquellos que pudieren recordarle que él es y es Steve, discurre por la trayectoria que es verosímil con arreglo a sí mismo: va adentrándose en los itinerarios de su propia mente hasta perderse, hasta olvidarse de sí mismo y hasta olvidarse de que él es un sí mismo; un cuerpo que requiere manutención y que sin ella se conduce, sin saberlo e irremediablemente, hacia la muerte. En este punto, el texto de Dubini y las teorías de la individuación mencionadas anteriormente están de acuerdo: Un perpetuo estado de ansiedad conduce al agotamiento fatal de la energía del individuo psíquico-colectivo. No obstante, mientras que ni Simondon ni Steve contemplan la posibilidad de que la ansiedad consuma en efecto toda la energía interna de un individuo hasta la muerte, *Alrededor de Shannon* está dispuesto a aceptar esa muerte por ansiedad como una posibilidad y como la posibilidad más probable con arreglo al personaje de Steve. En concordancia con el efecto de solapamiento progresivo que el texto sugiere y con la constancia con que la trayectoria introspectiva Steve no es interrumpida por nadie, no hay nada que justifique un optimismo ni respecto del imperativo de Steve de auto-rescatarse ni respecto de la aparición mesiánica de un salvador externo[51].

En este marco, es pertinente volver a la conclusión del apartado anterior para corregir su amplitud. De acuerdo con esta conclusión, la invisibilidad –garantizada por el abandono y el auto-secuestro–, conduce a la potencial disolución de la identidad. No obstante, esta reflexión no lleva las ramificaciones de la invisibilidad hasta las últimas consecuencias, o bien, no estudia las consecuencias de la disolución de la identidad a la que la invisibilidad conduce. Como sugieren los párrafos anteriores, el olvido del individuo de que él es él y de que es un sí mismo, conduce al olvido de la preservación del cuerpo propio; de modo que ese cuerpo se dirige primero a la muerte y luego a la desintegración. En la medida en que el abandono del individuo de su propio cuerpo es acompañado por el abandono de ese cuerpo por parte de los otros, la desintegración es un destino

---

[51] La trayectoria del libro hace incluso posible argüir que, una vez que la predominancia de esa fuerza deja atrapado a Steve en un búnker mental desde el cual es cada vez más difícil ejercer la facultad de relacionarse con el otro – también, de relacionarse consigo mismo en tanto que "yo" estable–; la llegada de un tercero se vuelve inútil. La posibilidad del personaje de retornar al campo de visibilidad de los otros como Steve, como él-mismo, está ya frustrada en cuanto que la maquinaria de desindividuación que le es consustancial ha actuado con mayor ímpetu que la de transindividuación por un período extendido de tiempo.

De la invisibilidad a la desindividuación

no sólo plausible sino irremediable.

Es cierto que un caso como el de Steve es extremo o inhabitual, de ahí la minuciosidad de Dubini en la construcción del verosímil del relato. No obstante, su mera posibilidad es significativa en cuanto que permite discutir teorías en cuyo seno un caso extraordinario es confundido con uno inconcebible. *Alrededor de Shannon* permite entonces concebir la desindividuación mediante la actualización verosímil de una posibilidad infrecuente: la de la facultad de un individuo de remitirse o de ser remitido a un plano de pre-individuación sin retorno.

Bibliografía

Bauman, Z. *Modernidad líquida*. Buenos Aires: Fondo de Cultura Económica, 2000.

Debord, G. *La sociedad del espectáculo*. Madrid: Editora Nacional, 2002.

Deleuze, G., Guattari, F. *El Anti-Edipo*. Barcelona: Paidós, 1985.

Dubini, M. *Alrededor de Shannon*. Buenos Aires: Blatt & Ríos, 2015.

Ellison, R. *El hombre invisible*. Buenos Aires: Editorial Lumen, 1952.

Foucault, M. *El cuerpo utópico. Las heterotopías*. Buenos Aires: Nueva visión, 2010.

---. *Tecnologías del yo y otros textos afines*. Barcelona: Paidós, 1990.

---. *Society Must Be Defended. Lectures at the College de France 1975-1976*. Nueva York: Picador, 1976.

Morel, L. E. *Ralph Ellison and the Raft of Hope: A Political Companion to Invisible Man*. Kentucky: The University Press of Kentucky, 2006.

Ricoeur, P. *El sí mismo como otro*. México, D.F.: Siglo XXI Editores, 2006.

Seccia, O. *Experimentar una clase social. Modos de composición de la clase media en la literatura argentina*. (Tesis doctoral inédita). Buenos Aires: Facultad de Ciencias Sociales, Universidad de Buenos Aires, 2016.

---. *Identidad y política: una revisión crítica de las teorías de Louis Althusser, Michel Foucault y Judith Butler*. (Tesis de maestría inédita). Buenos Aires: Instituto de Altos Estudios Sociales, Universidad de San Martín, 2014.

Simondon, G. *La individuación a la luz de las nociones de forma y de información*. Buenos Aires: Cactus, 2009.

Sirabian, R. "The Conception of Science in Wells' *The Invisible Man*". *Papers on Language and Literature*, V. 37.4 (2001): 382.

Stiegler, B. "The theater of individuation: Phase-shift and resolution in Simondon and Heidegger". *Parrhesia*, V. 7 (2009): 46-57.

Skorburg, M. E. "An Adlerian Interpretation of HG Wells' *The Invisible*

Man". *Journal of Individual Psychology*, V. 31.1 (1975): 85.

Wells, H. G. *El hombre invisible*. 1987 (19 de junio de 2017). Disponible en: <http://www.herbogeminis.com/IMG/pdf/herbert_george_wells_el_hombre_invisible.pdf>.

Argus-*a*
Artes y Humanidades / Arts & Humanities
Los Ángeles – Buenos Aires
2017

www.ingramcontent.com/pod-product-compliance
Lightning Source LLC
Chambersburg PA
CBHW020425220526
45464CB00002B/577